Grammatik kurz & bündig
TÜRKISCH

Die beliebteste Nachschlagegrammatik

Mit Online-Übungen

von

Hasan Çakır und Barbara Çakır-Wahl

So benutzen Sie dieses Buch

Die **PONS Grammatik kurz & bündig Türkisch** bietet Ihnen eine **übersichtliche Darstellung** der aktuellen türkischen Sprache.

Die **klar formulierten Regeln** werden durch zahlreiche Beispiele mit deutscher Übersetzung veranschaulicht, so dass es Ihnen besonders leicht fällt, sie sich einzuprägen.

Die **PONS Grammatik** warnt auch vor **typischen Fehlern**, die gerade deutschsprachigen Lernenden häufig passieren.

Im Anhang finden Sie außerdem ein **Stichwortregister**, mit dem Sie nach bestimmten Themen gezielt suchen können.

Hier wird auf eine **Regel** oder eine **Besonderheit** hingewiesen, die man beachten sollte.

▶ Hier wird auf andere Grammatikkapitel verwiesen.

Hier werden Unterschiede zwischen dem Deutschen und dem Türkischen aufgezeigt.

Online-Übungen

Zu den wichtigsten Grammatikthemen dieses Buches finden Sie unter **www.pons.de/grammatik** Online-Übungen, mit denen Sie aktiv und sicher in der Sprache werden. Auf der Innenseite des vorderen Buchdeckels wird Ihnen Schritt für Schritt erklärt, wie Sie zum PONS Grammatikportal gelangen und dieses kostenlose Angebot nutzen können.

Viel Spaß und Erfolg beim Türkischlernen!

Inhaltsverzeichnis

Erklärung der Grammatikbegriffe

Adjektiv	Eigenschaftswort
Adverb	Umstandswort
Deklination	Beugung der Substantive und Pronomen
Demonstrativpronomen	hinweisendes Fürwort: *dieser, jener, dies* etc.
Futur	Zukunft
Imperativ	Befehlsform
Infinitiv	Grundform des Verbs
Konjugation	Beugung der Verben
Konjunktion	Bindewort: *und, oder, weil, wenn, obwohl* etc.
Konsonant	Mitlaut
Modus	Verbform zum Ausdruck einer Notwendigkeit, eines Wunschs, einer Bedingung oder einer Aufforderung
Negation	Verneinung
Objekt, direktes	Satzteil, der mit *wen oder was?* zu erfragen ist
Objekt, indirektes	Satzteil, der mit *wem?* zu erfragen ist
Partizip	Mittelwort
Personalendung	personenanzeigende Endung am Verb (*ich, du* ...)
Personalpronomen	persönliches Fürwort: *ich, du, er, sie* etc.
Possessivendung	besitzanzeigende Endung, *mein, dein, sein* etc.
Possessivpronomen	besitzanzeigendes Fürwort: *mein, dein, sein* etc.
Postposition	Verhältniswort, z. B. *für, gegen, trotz* etc., im Türkischen nachgestellt
Prädikat	Satzaussage
Prädikativ	Adjektiv oder Substantiv in einem Prädikat mit dem Verb *sein*
Präsens	Gegenwart
Pronomen	Fürwort; vertritt ein Substantiv oder Adjektiv: *er, unser, dieser* etc.
Subjekt	Satzgegenstand
Substantiv	Hauptwort
Verb	Tätigkeitswort
Vokal	Selbstlaut

In diesem Buch verwendete Abkürzungen

Abl.	Ablativ (Woherfall)	kV	kleine Vokalharmonie
Akk.	Akkusativ (Wenfall)	Lok.	Lokativ (Wofall)
bzw.	beziehungsweise	Nom.	Nominativ (Werfall)
Dat.	Dativ (Wemfall)	Pers.	Person
Gen.	Genitiv (Wessenfall)	Pl.	Plural (Mehrzahl)
gV	große Vokalharmonie	Sing.	Singular (Einzahl)

Die Vokalharmonie der Endungen

Die kleine Vokalharmonie (kV): Endungen mit e

Vokal in der vorangehenden Silbe	Vokal in der Endung
e, i, ö, ü	**e**
a, ı, o, u	**a**

Die große Vokalharmonie (gV): Endungen mit i

Vokal in der vorangehenden Silbe	Vokal in der Endung
e, i	**i**
ö, ü	**ü**
a, ı	**ı**
o, u	**u**

Beispiele für die kleine Vokalharmonie

	nach e, i, ö, ü	nach a, ı, o, u
Pluralendung **-ler**	**-ler**	**-lar**
Lokativendung **-de**	**-de**	**-da**
Infinitivendung **-mek**	**-mek**	**-mak**
Futurendung **-ecek**	**-ecek**	**-acak**
Partizipendung **-en**	**-en**	**-an**

Beispiele für die große Vokalharmonie

	nach e, i	nach ö, ü	nach a, ı	nach o, u
Akkusativendung **-i**	**-i**	**-ü**	**-ı**	**-u**
Verkleinerungsendung **-cik**	**-cik**	**-cük**	**-cık**	**-cuk**
Vergangenheitsendung **-di**	**-di**	**-dü**	**-dı**	**-du**
Ordnungszahlendung **-inci**	**-inci**	**-üncü**	**-ıncı**	**-uncu**
Gerundialendung **-ip**	**-ip**	**-üp**	**-ıp**	**-up**

Alphabet, Orthographie, Aussprache (alfabe, yazım, söyleyiş)

Das Alphabet

Buchstabe		Buchstabenname	Buchstabe		Buchstabenname
A	**a**	a	**M**	**m**	me
B	**b**	be	**N**	**n**	ne
C	**c**	ce	**O**	**o**	o
Ç	**ç**	çe	**Ö**	**ö**	ö
D	**d**	de	**P**	**p**	pe
E	**e**	e	**R**	**r**	re
F	**f**	fe	**S**	**s**	se
G	**g**	ge	**Ş**	**ş**	şe
Ğ	**ğ**	yumuşak ge	**T**	**t**	te
H	**h**	he	**U**	**u**	u
I	**ı**	ı	**Ü**	**ü**	ü
İ	**i**	i	**V**	**v**	ve
J	**j**	je	**Y**	**y**	ye
K	**k**	ke	**Z**	**z**	ze
L	**l**	le			

Die Orthographie

Die Silbentrennung

Die Silbentrennung richtet sich nach den Sprechsilben. Die Silben eines Wortes beginnen ab der zweiten Silbe immer mit einem Konsonanten. Ausnahmen bilden Fremdwörter mit Doppelvokalen.

Türkçe *Türkisch* — **Türk-çe**
Almanca *Deutsch* — **Al-man-ca**
şair *Dichter* — **şa-ir**
maalesef *leider* — **ma-a-le-sef**

Groß- und Kleinschreibung

Wie im Deutschen wird das erste Wort eines Satzes großgeschrieben. Außerdem werden Eigennamen und Titel sowie Religions- und Nationalitätsbezeichnungen großgeschrieben.

Yarın Havva geliyor. — *Morgen kommt Havva.*
Doktor Adem Baba — *Doktor Adem Baba*
İslam — *der Islam*
bir Alman — *ein Deutscher*

Religions- und Nationalitätsbegriffe werden auch dann großgeschrieben, wenn es Adjektive oder Adverbien sind.

İslam dini — *die islamische Religion*
Adem Türkçe konuşuyor. — *Adem spricht türkisch.*

Der Apostroph

Der Apostroph wird benutzt, um Eigennamen und in Ziffern geschriebene Zahlen von ihren Endungen zu trennen.

Berlin'den geliyorum.	*Ich komme aus Berlin.*
Adem Havva'yı bekliyor.	*Adem wartet auf Havva.*
Einstein 1879'da doğdu.	*Einstein wurde im Jahr 1879 geboren.*
Saat 6'da kalkıyorum.	*Ich stehe um 6 Uhr auf.*

Der Zirkumflex

Der Zirkumflex kommt nur in Fremdwörtern vor und wird verwendet,

- um anzuzeigen, dass der vorangehende Konsonant **k**, **g** oder **l** hell ausgesprochen wird: **kâğıt** (*Papier*), **sükûn** (*Stille*), **rüzgâr** (*Wind*), **lâmba** (*Lampe*), **melânkoli** (*Melancholie*).
- um zwei sonst gleich geschriebene Wörter voneinander zu unterscheiden; der Zirkumflex zeigt dann an, dass der Vokal lang ausgesprochen wird: **âdet** (*Gewohnheit*), **adet** (*Zahl*).

Die Aussprache

Die türkischen Laute

Das geschriebene Türkisch lässt sich leicht lesen, da jeder Buchstabe immer genau einen Laut repräsentiert. Außerdem gibt es keine Konsonantenkombinationen, um nur einen Laut wiederzugeben, wie im Deutschen *sch* oder *ch*. Die meisten Buchstaben repräsentieren dieselben Laute wie im Deutschen. Folgende Buchstaben haben im Türkischen einen anderen Lautwert:

c	wie **dsch** in **Dsch**ungel: **cami** (*Moschee*)
e	sehr offenes e, wie **ä** in **Ä**pfel: **gelmek** (*kommen*)
h	am Anfang einer Silbe wie im Deutschen: **hava** (*Luft*), am Ende einer Silbe wie ein schwaches **ch**: **Ahmet**.
j	**stimmhaftes sch** wie in **G**endarm oder **J**ournalist: **jandarma** (*Gendarmerie*)
s	immer **stimmloses s** wie in Wa**ss**er: **su** (*Wasser*), **sabah** (*Morgen*)
v	wie deutsches **w**: **evet** (*ja*)
y	wie **j** in **j**a: **yemek** (*Essen*), **kolay** (*einfach*)
z	**stimmhaftes s** wie in **S**onne: **zor** (*schwierig*)

Die folgenden türkischen Buchstaben sind im deutschen Alphabet nicht vorhanden:

ç	wie **tsch** in Deu**tsch**: **çay** (*Tee*), **ağaç** (*Baum*)
ğ	wird nicht gesprochen, dehnt den vorangehenden Vokal (wie im Deutschen das Dehnungs-h): **sağ** (*gesund*) wird gesprochen wie deutsches „sah"
ı	wird ähnlich dem dumpfen unbetonten **e** in komm**e**n ausgesprochen: **arı** (*Biene*), **ışık** (*Licht*)
ş	wie deutsches **sch** in **sch**ön: **şeker** (*Zucker*)

Doppelkonsonanten

Im Gegensatz zum Deutschen werden im Türkischen Doppelkonsonanten gelängt ausgesprochen. Sie haben eine etwas längere Sprechdauer als einfache Konsonanten.

anne *Mutter*	**an-ne**
Havva *Eva*	**Hav-va**
gitti *er/sie ging*	**git-ti**

Doppelvokale

Diphthonge (wie *eu*, *au*, *ei* im Deutschen) kennt das Türkische nicht. Folgen in einem Wort zwei Vokale aufeinander, so wird jeder Vokal einzeln für sich ausgesprochen. Mit dem zweiten Vokal beginnt eine neue Sprechsilbe. Ebenso werden auch zwei aufeinanderfolgende gleich lautende Vokale nicht als ein einziger langer Vokal, sondern als zwei aufeinanderfolgende kurze Vokale ausgesprochen.

şair *Dichter*	**şa-ir**
türkuaz *türkis*	**tür-ku-az**
saat *Uhr*	**sa-at**
şiir *Gedicht*	**şi-ir**

Wortverbindende Sprechweise

In der Regel wird Türkisch deutlich gesprochen. Was aber das Hörverständnis für den Türkischlernenden etwas erschwert, ist die gesprochene Verbindung der Wörter. Folgt auf ein Wort mit einem Konsonanten am Ende ein Wort, das mit einem Vokal beginnt, so bildet der Endkonsonant des ersten Wortes zusammen mit dem Anfangsvokal des folgenden Wortes eine Sprechsilbe.

turistik otel	▶	**tu-ris-ti-ko-tel**
çocuklar oynuyor	▶	**ço-cuk-la-roy-nu-yor**

Die Betonung

Die Wortbetonung ist mehr oder weniger gleichmäßig über alle Silben verteilt und liegt eher leicht auf der letzten Silbe.

Zusätzlich zur Wortbetonung ist im Türkischen wie in jeder Sprache die Satzmelodie von Bedeutung.

2

Lautlehre (ses bilgisi)

Die Vokalharmonie

Die acht türkischen Vokale bilden zwei Gruppen: die Gruppe der hellen Vokale, die im Mund vorne gebildet werden, und die Gruppe der dunklen Vokale, die im Mund hinten gebildet werden.

helle Vokale	**e**	**i**	**ö**	**ü**
dunkle Vokale	**a**	**ı**	**o**	**u**

In fast allen echttürkischen Wörtern kommen entweder nur helle oder nur dunkle Vokale vor. Diese Erscheinung nennt man Vokalharmonie.

Die Vokalharmonie bei den Endungen

Im Türkischen werden grammatische Funktionen meist durch Endungen (Suffixe) ausgedrückt. Die Endung **-ler** z.B. bringt den Plural zum Ausdruck: **ev/evler** *(das Haus/die Häuser)*. Die Endung **-li** gibt, an Orts- und Ländernamen angehängt, die Herkunft an: **Berlinli** *(Berliner/in)*. Die Endungen sind meist einsilbig. Ihre Grundformen haben **e** oder **i** als Vokal. Sie bilden nach diesen Vokalen zwei Gruppen:

Endungen mit e:	**-ler, -mek, -de, -en** etc.
Endungen mit i:	**-li, -cik, -di, -i** etc.

Wenn die Endungen an Wörter angehängt werden, gleichen sie ihre Vokale nach vokalharmonischen Gesetzen an den Vokal der vorangehenden Silbe an. Wie das geschieht, wird im Folgenden erklärt.

Endungen mit e: die kleine Vokalharmonie (kV)

Bei den Endungen mit **e** bleibt der Vokal unverändert, wenn die letzte Silbe vor der Endung einen hellen Vokal hat, z. B. bei der Pluralendung **-ler**:

Vokal in der Vorsilbe: **e/i/ö/ü** ▶ Vokal in der Endung: **e**

tren (*Zug*)	**trenler** (*Züge*)
taksi (*Taxi*)	**taksiler** (*Taxen*)
göz (*Auge*)	**gözler** (*Augen*)
minibüs (*Kleinbus*)	**minibüsler** (*Kleinbusse*)

Nach Silben mit dunklem Vokal wird das **e** in der Endung zu **a**:

Vokal in der Vorsilbe: **a/ı/o/u** ▶ Vokal in der Endung: **a**

banka (*Bank*)	**bankalar** (*Banken*)
arı (*Biene*)	**arılar** (*Bienen*)
istasyon (*Station*)	**istasyonlar** (*Stationen*)
vapur (*Schiff*)	**vapurlar** (*Schiffe*)

Dies betrifft alle Endungen mit **e**. Hier weitere Beispiele:

	Vokal in der Vorsilbe: **e/i/ö/ü**	Vokal in der Vorsilbe: **a/ı/o/u**
Pluralendung **-ler**	**-ler**	**-lar**
Lokativendung **-de**	**-de**	**-da**
Futurendung **-ecek**	**-ecek**	**-acak**
Infinitivendung **-mek**	**-mek**	**-mak**
Partizipendung **-en**	**-en**	**-an**

Endungen mit i: die große Vokalharmonie (gV)

Bei Endungen mit **i** gibt es vier Möglichkeiten.

Dazu ein Beispiel mit der Endung **-li**, welche aus Orts- und Ländernamen Herkunftsbezeichnungen macht: **Berlinli** (*Berliner/in*), **Mısır** (*Ägypten*), **Mısırlı** (*Ägypter/in*):

Vokal in der Vorsilbe:	Vokal in der Endung:
e/i	**i**
Nürnberg **Berlin**	**Nürnbergli** **Berlinli**
ö/ü	**ü**
Köln **Fürth**	**Kölnlü** **Fürthlü**
a/ı	**ı**
Roma **Mısır**	**Romalı** **Mısırlı**
o/u	**u**
Bonn **Hamburg**	**Bonnlu** **Hamburglu**

Dies betrifft alle Endungen mit **i**.

Hier weitere Beispiele:

Vokal in der Vorsilbe:	e/i	ö/ü	a/ı	o/u
Akkusativendung **-i**	**-i**	**-ü**	**-ı**	**-u**
Verkleinerungsendung **-cik**	**-cik**	**-cük**	**-cık**	**-cuk**
Vergangenheitsendung **-di**	**-di**	**-dü**	**-dı**	**-du**
Ordnungszahlendung **-inci**	**-inci**	**-üncü**	**-ıncı**	**-uncu**
Herkunftsbezeichnungsendung **-li**	**-li**	**-lü**	**-lı**	**-lu**

Einige zweisilbige Endungen haben in einer Silbe ein **e** und in der anderen ein **i**. Jeder dieser Vokale verändert sich dann gemäß seiner Vokalharmonie. Beispiel **-ince** (eine Gerundialendung):

Vokal in der Vorsilbe:	e/i	ö/ü	a/ı	o/u
Endung:	**-ince**	**-ünce**	**-ınca**	**-unca**

Es gibt nur sehr wenige Ausnahmen von Endungen, die sich nicht verändern. In diesem Buch werden von ihnen nur die Gerundialendung **-ken** und die Präsensendung **-iyor** (hier ist der zweite Vokal **o** unveränderlich) vorgestellt.

Kleine und große Vokalharmonie im Überblick

Vokal in der Vorsilbe:		**e/i**	**ö/ü**	**a/ı**	**o/u**
Vokal in der Endung	große Vokalharmonie	**i**	**ü**	**ı**	**u**
	kleine Vokalharmonie	**e**		**a**	

Ein Grundwort kann mehrere Endungen annehmen, und jede Endung harmoniert vokalharmonisch mit dem Vokal der vorangehenden Silbe. Die Reihenfolge der Endungen ist festgelegt.

Berlinli	*der Berliner*	**İstanbullu**	*der Istanbuler*
Berlinliler	*die Berliner*	**İstanbullular**	*die Istanbuler*
Berlinlilerde	*bei den Berlinern*	**İstanbullularda**	*bei den Istanbulern*
Berlinlilerdeyim.	*Ich bin bei den Berlinern.*	**İstanbullulardayım.**	*Ich bin bei den Istanbulern.*

Die Bindekonsonanten

Das Türkische vermeidet das Aufeinandertreffen zweier Vokale, das nur in Fremdwörtern vorkommt. Wenn daher an ein mit einem Vokal endendes Wort eine Endung antritt, die mit einem Vokal beginnt, kommt zwischen die beiden

aufeinandertreffenden Vokale ein Bindekonsonant. Der häufigste Bindekonsonant ist **y**, aber es gibt auch den Bindekonsonanten **n** (bei der Genitivendung), **s** (bei der Possessivendung der 3. Pers.) und **ş**.

	+ **-(y)i** *Akkusativ*	+**-(s)i** *Possessiv 3. Pers.*	+ **-(n)in** *Genitiv*
tren *Zug* **araba** *Wagen*	**treni** *den Zug* **arabayı** *den Wagen*	**treni** *sein Zug* **arabası** *sein Wagen*	**trenin** *des Zuges* **arabanın** *des Wagens*

Konsonantenwandel im Anlaut von Endungen

Die türkischen Konsonanten teilen sich in stimmhafte und stimmlose Konsonanten:

stimmhaft	**b**	**c**	**d**	**g**	**ğ**		**j**	**l**	**m**	**n**	**r**	**v**	**y**	**z**
stimmlos	**p**	**ç**	**t**	**k**		**h**	**ş**					**f**		**s**

Alle Endungen, die mit **d**, **c** oder **g** anlauten, ändern ihren Anfangskonsonanten in **t**, **ç** oder **k**, wenn sie an ein Wort angehängt werden, das mit einem stimmlosen Konsonanten endet. Das betrifft vor allem die zahlreichen mit **d** anlautenden Endungen.

Wort endet mit	Endung beginnt mit:		
Vokal/stimmhaftem Konsonant	**d**	**c**	**g**
stimmlosem Konsonant	**t**	**ç**	**k**

Beispiele: Lokativendung **-de**, Berufs- und Täterbezeichnungsendung **-ci** und die Endung **-gi**, die aus Verbstämmen Substantive bildet:

tren *Zug* **yol** *Weg* **bil-** *wissen*	**trende** *im Zug* **yolcu** *Reisender* **bilgi** *Wissen*	**otobüs** *Bus* **ekmek** *Brot* **as-** *hängen*	**otobüste** *im Bus* **ekmekçi** *Bäcker* **askı** *Kleiderbügel*

Konsonantenwandel im Wortauslaut

Bei vielen Substantiven, die mit den stimmlosen Konsonanten **p, ç, t, k, nk** enden, wandeln sich diese Konsonanten in ihre stimmhaften Entsprechungen **b, c, d, ğ, ng**, wenn eine mit Vokal beginnende Endung angehängt wird.

Wortauslaut	**-p**	**-ç**	**-t**	**-k**	**-nk**
wird vor antretendem Vokal zu	**-b-**	**-c-**	**-d-**	**-ğ-**	**-ng-**

Beispiele:

Grundwort	+ Possessivendung **-i**	+ Dativendung **-e**
kitap *Buch*	**kitabı** *sein Buch*	**kitaba** *dem Buch*
ağaç *Baum*	**ağacı** *sein Baum*	**ağaca** *dem Baum*
umut *Hoffnung*	**umudu** *seine Hoffnung*	**umuda** *der Hoffnung*
dilek *Wunsch*	**dileği** *sein Wunsch*	**dileğe** *dem Wunsch*
renk *Farbe*	**rengi** *seine Farbe*	**renge** *der Farbe*

Es gibt allerdings viele Ausnahmen zu dieser Regel, besonders bei einsilbigen Wörtern, z.B. **et** (*Fleisch*), **eti** (*sein Fleisch*), **ip** (*Schnur*), **ipi** (*seine Schnur*), **ok** (*Pfeil*), **oku** (*sein Pfeil*), und bei Wörtern, die mit **t** auslauten, wie z.B. **ceket** (*Jacke*) **ceketi** (*seine Jacke*), **bilet** (*Fahrkarte*) **bileti** (*seine Fahrkarte*).

Ob ein Substantiv mit **p**, **ç**, **t** oder **k** im Wortauslaut dem Konsonantenwandel unterliegt oder nicht, kann man ihm nicht ansehen. Man muss es also für jedes Substantiv einzeln mitlernen. In Wörterbüchern gibt es daher bei Substantiven, die mit **p**, **ç**, **t** und **k** auslauten, immer eine entsprechende Angabe.

Bei einigen wenigen Verbstämmen wandelt sich auslautendes **t** beim Antritt von Endungen, die mit Vokal beginnen, zu **d**. Die wichtigsten sind: **etmek** (*tun*) ▶ **ediyor** (*er/sie tut*), **gitmek** (*gehen*) ▶ **gidiyor** (*er/sie geht*), und **tatmak** (*schmecken*) ▶ **tadıyor** (*er/sie schmeckt*).

Konsonantenwandel kommt auch im Auslaut von Verbalendungen vor, z.B. bei der Futurendung **-(y)ecek**: **gideceksin** (*du wirst gehen*), aber: **gideceğim** (*ich werde gehen*).

Weitere Substantive mit lautlichen Besonderheiten

Außer den zuvor besprochenen Substantiven mit Konsonantenwandel im Auslaut gibt es noch drei weitere Gruppen von Substantiven, die bei der Deklination von der Norm abweichen:

- Im Türkischen gibt es zahlreiche Fremdwörter mit einem dunklen Vokal in der letzten Silbe, die aber entgegen der Vokalharmonie keine Endungen mit dunklen, sondern mit hellen Vokalen annehmen. Beispiele:

saat *Stunde*	**saatler** *die Stunden*	**saati** *die Stunde (Akk.)*
rol *Rolle*	**roller** *die Rollen*	**rolü** *die Rolle (Akk.)*

- Einige Substantive aus dem Arabischen enden eigentlich mit einem Doppelkonsonanten, der aber im Türkischen nicht geschrieben wird. Er wird aber dann doppelt geschrieben (und gelängt ausgesprochen), wenn eine mit Vokal beginnende Endung angehängt wird. Beispiele:

	+ Dativendung -e	+ Possessivendung -im
his *Gefühl*	**hisse** *dem Gefühl*	**hissim** *mein Gefühl*
hak *Recht*	**hakka** *dem Recht*	**hakkım** *mein Recht*

- Bei einigen zweisilbigen Substantiven fällt der Vokal in der zweiten Silbe weg, wenn eine mit Vokal beginnende Endung angehängt wird. Beispiele:

	+ Dativendung -e	+ Possessivendung -im
resim *Bild* **akıl** *Verstand*	**resme** *dem Bild* **akla** *dem Verstand*	**resmim** *mein Bild* **aklım** *mein Verstand*

Diese Besonderheiten muss man bei den entsprechenden Wörtern mitlernen, da man es ihnen selbst nicht ansieht. In guten Wörterbüchern wird bei den entsprechenden Stichwörtern darauf hingewiesen.

3

Das Substantiv und seine Begleiter (ad/isim)

Geschlecht

Im Gegensatz zum Deutschen gibt es im Türkischen kein grammatisches Geschlecht. Personenbezeichnungen können meist sowohl eine männliche als auch eine weibliche Person bezeichnen, da es im Türkischen auch keine allgemeine Endung gibt, um weibliche Personen von männlichen zu unterscheiden.

öğretmen	*Lehrer/Lehrerin*
doktor	*Arzt/Ärztin*

Der Artikel

Grundsätzlich kann ein einfaches Substantiv je nach Kontext bestimmt oder unbestimmt sein und eine Einzahl oder auch eine Mehrzahl bedeuten.

çocuk	*ein Kind* *das Kind* *Kinder* *die Kinder*

Einen bestimmten Artikel gibt es im Türkischen nicht. Als unbestimmter Artikel dient das Zahlwort **bir** (*ein*). Es steht direkt vor dem Substantiv und wird nicht dekliniert. Nur das Subjekt wird dekliniert.

bir araba	*ein Wagen*
bir arabayı	*einen Wagen*
bir arabaya	*einem Wagen*

Die Verkleinerungsform

Die Verkleinerungsform wird durch die Endung **-cik** (gV) gebildet. Sie wird auch zur Verniedlichung verwendet.

ev	*Haus*	**evcik**	*Häuschen*
fare	*Maus*	**farecik**	*Mäuschen*
pencere	*Fenster*	**pencerecik**	*Fensterchen*
oda	*Zimmer*	**odacık**	*Zimmerchen*

Die Pluralbildung

Der Plural wird gebildet, indem die Endung **-ler** (kV) an das Substantiv angehängt wird: **ev** (*Haus*) ▶ **evler** (*Häuser*).

Vokal vor der Endung: e/i/ö/ü	Vokal vor der Endung: a/ı/o/u
evler *(die) Häuser*	**arabalar** *(die) Autos*
kediler *(die) Katzen*	**ayılar** *(die) Bären*
otobüsler *(die) Busse*	**muzlar** *(die) Bananen*

Im Gegensatz zum Deutschen kann im Türkischen auch ein Substantiv ohne Pluralendung eine Mehrzahl bedeuten. Die Pluralendung **-ler** verweist nämlich nicht auf eine bloße Mehrzahl von Dingen, sondern auf deren Verschiedenartigkeit und Mannigfaltigkeit.

Kitap aldım.	*Ich habe ein Buch gekauft./ Ich habe Bücher gekauft.*
Kitaplar aldım.	*Ich habe (verschiedene/vielerlei) Bücher gekauft.*

Daher stehen im Türkischen Substantive nach Zahlwörtern und nach Mengenadjektiven wie **çok** (*viel*) und **az** (*wenig*) auch in der Regel im Singular, tragen dann also nicht die Pluralendung **-ler**.

beş ev	*fünf Häuser*
çok ev	*viele Häuser*

Die Deklination der Substantive

Es gibt im Türkischen sechs Fälle. Der Nominativ hat keine Endung. Alle anderen Fälle werden durch Anhängen von Fallendungen an das Substantiv gebildet.

Die Fallendungen lauten:

Nominativ	-
Genitiv	**-(n)in** (gV)
Akkusativ	**-(y)i** (gV)
Dativ	**-(y)e** (kV)
Lokativ	**-de** (kV)
Ablativ	**-den** (kV)

Die Konsonanten in Klammern bei den Endungen für Genitiv, Akkusativ und Dativ sind Bindekonsonanten, die nur auftreten, wenn die Endung an einen Vokal tritt.

Beispiele für Substantive, die mit einem stimmhaften Konsonanten enden:

	letzter Vokal vor der Endung:			
	e/i	ö/ü	a/ı	o/u
Nom.	**otel** *Hotel*	**göz** *Auge*	**adam** *Mann*	**kol** *Arm*
Gen.	**otelin**	**gözün**	**adamın**	**kolun**
Akk.	**oteli**	**gözü**	**adamı**	**kolu**
Dat.	**otele**	**göze**	**adama**	**kola**
Lok.	**otelde**	**gözde**	**adamda**	**kolda**
Abl.	**otelden**	**gözden**	**adamdan**	**koldan**

Beispiele für Substantive, die mit einem Vokal enden:

	letzter Vokal vor der Endung:			
	e/i	ö/ü	a/ı	o/u
Nom.	**kedi** *Katze*	**köprü** *Brücke*	**baba** *Vater*	**büro** *Büro*
Gen.	**kedinin**	**köprünün**	**babanın**	**büronun**
Akk.	**kediyi**	**köprüyü**	**babayı**	**büroyu**
Dat.	**kediye**	**köprüye**	**babaya**	**büroya**
Lok.	**kedide**	**köprüde**	**babada**	**büroda**
Abl.	**kediden**	**köprüden**	**babadan**	**bürodan**

Beispiele für Substantive, die mit einem stimmlosen Konsonanten enden:

	letzter Vokal vor der Endung:			
	e/i	ö/ü	a/ı	o/u
Nom.	**iş** *Arbeit*	**süs** *Schmuck*	**kış** *Winter*	**not** *Notiz*
Gen.	**işin**	**süsün**	**kışın**	**notun**
Akk.	**işi**	**süsü**	**kışı**	**notu**
Dat.	**işe**	**süse**	**kışa**	**nota**
Lok.	**işte**	**süste**	**kışta**	**notta**
Abl.	**işten**	**süsten**	**kıştan**	**nottan**

Beispiele für Substantive mit Konsonantenwandel im Auslaut:
▶ Kap. 2 Konsonantenwandel im Wortauslaut, S. 15

	p ▶ b	ç ▶ c	t ▶ d	k ▶ ğ	nk ▶ ng
Nom.	**kitap**	**ağaç**	**umut**	**dilek**	**renk**
Gen.	**kitabın**	**ağacın**	**umudun**	**dileğin**	**rengin**
Akk.	**kitabı**	**ağacı**	**umudu**	**dileği**	**rengi**
Dat.	**kitaba**	**ağaca**	**umuda**	**dileğe**	**renge**
Lok.	**kitapta**	**ağaçta**	**umutta**	**dilekte**	**renkte**
Abl.	**kitaptan**	**ağaçtan**	**umuttan**	**dilekten**	**renkten**
	Buch	*Baum*	*Hoffnung*	*Wunsch*	*Farbe*

Beispiele für Substantive mit anderen lautlichen Besonderheiten:
▶ Kap. 2 Weitere Substantive mit lautlichen Besonderheiten, S. 16

	Endung mit hellem Vokal trotz dunklem Vokal in der Vorsilbe		Konsonanten-verdopplung	Ausfall des zweiten Vokals
Nom.	**saat**	**rol**	**hak**	**resim**
Gen.	**saatin**	**rolün**	**hakkın**	**resmin**
Akk.	**saati**	**rolü**	**hakkı**	**resmi**
Dat.	**saate**	**role**	**hakka**	**resme**
Lok.	**saatte**	**rolde**	**hakta**	**resimde**
Abl.	**saatten**	**rolden**	**haktan**	**resimden**
	Stunde/Uhr	*Rolle*	*Recht*	*Bild*

Eine Ausnahme für sich bildet das Substantiv **su** (*Wasser*), dessen Wortstamm beim Antritt von Endungen, die mit Vokal beginnen, immer zu **suy-** erweitert wird. Der Genitiv lautet daher **suyun**.

Nom.	**su**
Gen.	**suyun**
Akk.	**suyu**
Dat.	**suya**
Lok.	**suda**
Abl.	**sudan**

Substantive mit Pluralendung werden dekliniert, indem die Fallendungen an die Pluralendung angehängt werden.

Nom.	**oteller** *Hotels*	**adamlar** *Männer*
Gen.	**otellerin**	**adamların**
Akk.	**otelleri**	**adamları**
Dat.	**otellere**	**adamlara**
Lok.	**otellerde**	**adamlarda**
Abl.	**otellerden**	**adamlardan**

Bei **Eigennamen** wird die Deklinationsendung mit einem Apostroph vom Grundwort getrennt:

Nom.	**Adem** *Adam*	**Havva** *Eva*	**Köln**
Gen.	**Adem'in**	**Havva'nın**	**Köln'ün**
Akk.	**Adem'i**	**Havva'yı**	**Köln'ü**
Dat.	**Adem'e**	**Havva'ya**	**Köln'e**
Lok.	**Adem'de**	**Havva'da**	**Köln'de**
Abl.	**Adem'den**	**Havva'dan**	**Köln'den**

Der Gebrauch der Fälle im Türkischen

Der Nominativ (endungsloser Fall)

Der Nominativ ist wie im Deutschen der Fall für das Subjekt eines Satzes.

Im Türkischen steht jedoch auch das unbestimmte direkte Objekt im Nominativ. Im Deutschen steht das direkte Objekt immer im Akkusativ.

Adem bir elma yedi. *Adem aß einen Apfel.*

Das Fragewort für den Nominativ ist **kim** (*wer*) und **ne** (*was*).

Kim geliyor?	*Wer kommt?*	**Adem.**	*Adem.*
Ne istiyorsun?	*Was möchtest du?*	**Su.**	*Wasser.*

Der Akkusativ (i-Fall)

- Der Akkusativ wird im Türkischen für das bestimmte direkte Objekt verwendet. Fragewörter für den Akkusativ sind **kimi** (*wen*) und **neyi** (*was*).

Adem bu gazeteyi okudu. **Adem Havva'yı seviyor.**	*Adem las diese Zeitung.* *Adem liebt Havva.*
Adem neyi okudu? *Was genau las Adem?* **Adem kimi seviyor?** *Wen liebt Adem?*	**Bu gazeteyi.** *Diese Zeitung.* **Havva'yı.** *Havva.*

Der Dativ (e-Fall)

- Der Dativ wird wie im Deutschen für das indirekte Objekt verwendet. Fragewort: **kime** (*wem*).

Havva Adem'e bir elma verdi.	*Havva gab Adem einen Apfel.*
Havva kime bir elma verdi? *Wem gab Havva einen Apfel?*	**Adem'e.** *Adem.*

- Weiter wird der Dativ auch für die Angabe eines Zwecks verwendet. Fragewort: **neye** (*wozu, für was*).

Yaşamaya çalışıyoruz.	*Wir arbeiten um zu leben.*
Neye çalışıyorsunuz? *Wozu arbeitet ihr?*	**Yaşamaya.** *Um zu leben.*

- Der Dativ ist außerdem der Richtungsfall für das Ziel einer Bewegung oder Entwicklung. Die Fragewörter hierzu sind **nereye** (*wohin*) und **kime** (*zu wem*).

İzmir'e gidiyorum. **Arkadaşıma gidiyorum.** **Havva sinemaya gidiyor.** **Adem dağa çıkıyor.**	*Ich gehe nach Izmir.* *Ich gehe zu meinem Freund.* *Havva geht ins Kino.* *Adem steigt auf den Berg.*
Nereye gidiyorsun? *Wohin gehst du?* **Kime gidiyorsun?** *Zu wem gehst du?*	**İzmir'e.** *Nach Izmir.* **Arkadaşıma.** *Zu meinem Freund.*

Der Lokativ (de-Fall)

- Der Lokativ wird zur Ortsangabe verwendet. Fragewörter: **kimde** (*bei wem*) und **nerede** (*wo*).

Adem arkadaşlarında kalıyor. **Havva büroda çalışıyor.** **Dağda bir ev var.**	*Adem bleibt bei seinen Freunden.* *Havva abeitet im Büro.* *Auf dem Berg gibt es ein Haus.*
Adem kimde kalıyor? *Bei wem bleibt Adem?* **Havva nerede çalışıyor?** *Wo arbeitet Havva?*	**Arkadaşlarında.** *Bei seinen Freunden.* **Büroda.** *Im Büro.*

- Außerdem wird der Lokativ auch zur Zeitangabe benutzt. Fragewort: **ne zaman** (*wann*).

Einstein 1879'da doğdu.	*Einstein wurde im Jahr 1879 geboren.*
Havva saat altıda kalkıyor.	*Havva steht um sechs Uhr auf.*
Havva ne zaman kalkıyor?	**Saat altıda.**
Wann steht Havva auf?	*Um sechs Uhr.*

Der Ablativ (den-Fall)

- Der Ablativ gibt den Ausgangspunkt oder den Ursprung einer Bewegung oder Entwicklung an. Fragewörter: **nereden** (*woher*), **kimden** (*von wem*).

Çocuk evden çıkıyor.	*Das Kind geht aus dem Haus.*
İşten geliyorum.	*Ich komme von der Arbeit.*
Adem Havva'dan bir elma aldı.	*Adem bekam von Havva einen Apfel.*
Nereden geliyorsun?	**İşten.**
Wo kommst du her?	*Von der Arbeit.*
Adem kimden bir elma aldı?	**Havva'dan.**
Von wem bekam Adem einen Apfel?	*Von Havva.*

- Der Ablativ wird auch verwendet, um eine Ursache oder eine Begründung anzugeben. Fragewort: **neden** (*woran, warum*).

Sevinçten ağlıyorlar.	*Sie weinen vor Freude.*

▶ Zur Verwendung des Ablativs in Vergleichssätzen siehe Kap. 4 Vergleichssätze, S. 30

Der Genitiv (in-Fall)

- Der Genitiv antwortet auf die Frage **„Kimin?"** (*Wessen?*).

Bu araba kimin?	*Wessen Auto ist das?*
Adem'in.	*Adems (Auto).*

▶ Siehe auch Die Genitivverbindung, S. 26

Die Possessivendungen

Im Gegensatz zum Deutschen hat das Türkische nicht nur Possessivpronomen, sondern auch Possessivendungen, die an das Substantiv angehängt werden.

Eine Possessivendung an einem Substantiv reicht daher bereits aus, um eine Possessivbeziehung auszudrücken. Das Possessivpronomen kann dem Substantiv zusätzlich zur Verdeutlichung oder zur Betonung vorangestellt werden.

Die türkischen Possessivpronomen sind eigentlich die Genitivformen der Personalpronomen. ▶ Kap. 6 Die Personalpronomen, S. 36

benim arkadaşım	=	**arkadaşım**	=	*mein Freund*
senin arkadaşın	=	**arkadaşın**	=	*dein Freund*
onun arkadaşı	=	**arkadaşı**	=	*sein/ihr Freund*

Die Possessivpronomen und die Possessivendungen:

Possessivpronomen	Possessivendungen	
benim	**-(i)m** (gV)	*mein*
senin	**-(i)n** (gV)	*dein*
onun	**-(s)i** (gV)	*sein/ihr*
bizim	**-(i)miz** (gV)	*unser*
sizin	**-(i)niz** (gV)	*euer/Ihr*
onların	**-leri** (kV, gV)	*ihr*

Der Anfangsvokal der Endungen für die 1. und 2. Pers. Sing. und Pl. fällt weg, wenn die Endung an einen Vokal antritt.

Die Endung der 3. Pers. Sing. **-(s)i** lautet bei Substantiven, die mit einem Konsonanten enden, **-i**, und bei Substantiven, die mit einem Vokal enden, lautet sie **-si**.

▶ Kap. 2 Die Bindekonsonanten, S. 14

Beispiele mit Substantiven, die mit einem Konsonanten enden:

	nach e/i	nach ö/ü	nach a/ı	nach o/u
(benim)	**otelim**	**gözüm**	**çadırım**	**kolum**
(senin)	**otelin**	**gözün**	**çadırın**	**kolun**
(onun)	**oteli**	**gözü**	**çadırı**	**kolu**
(bizim)	**otelimiz**	**gözümüz**	**çadırımız**	**kolumuz**
(sizin)	**oteliniz**	**gözünüz**	**çadırınız**	**kolunuz**
(onların)	**otelleri**	**gözleri**	**çadırları**	**kolları**
	otel (*Hotel*)	göz (*Auge*)	çadır (*Zelt*)	kol (*Arm*)

Beispiele mit Substantiven, die mit einem Vokal enden:

	nach e/i	nach ö/ü	nach a/ı	nach o/u
(benim)	**kedim**	**köprüm**	**babam**	**bürom**
(senin)	**kedin**	**köprün**	**baban**	**büron**
(onun)	**kedisi**	**köprüsü**	**babası**	**bürosu**
(bizim)	**kedimiz**	**köprümüz**	**babamız**	**büromuz**
(sizin)	**kediniz**	**köprünüz**	**babanız**	**büronuz**
(onların)	**kedileri**	**köprüleri**	**babaları**	**büroları**
	kedi (*Katze*)	köprü (*Brücke*)	baba (*Vater*)	büro (*Büro*)

Beispiele mit Substantiven mit Konsonantenwandel im Auslaut:

▶ Kap. 2 Konsonantenwandel im Wortauslaut, S. 15

	kitap (*Buch*)	ağaç (*Baum*)	umut (*Hoffnung*)	dilek (*Wunsch*)	renk (*Farbe*)
(benim)	**kitabım**	**ağacım**	**umudum**	**dileğim**	**rengim**
(senin)	**kitabın**	**ağacın**	**umudun**	**dileğin**	**rengin**
(onun)	**kitabı**	**ağacı**	**umudu**	**dileği**	**rengi**
(bizim)	**kitabımız**	**ağacımız**	**umudumuz**	**dileğimiz**	**rengimiz**
(sizin)	**kitabınız**	**ağacınız**	**umudunuz**	**dileğiniz**	**renginiz**
(onların)	**kitapları**	**ağaçları**	**umutları**	**dilekleri**	**renkleri**

Beispiele für Substantive mit anderen lautlichen Besonderheiten:
▶ Kap. 2 Weitere Substantive mit lautlichen Besonderheiten, S. 16

	saat (*Stunde*)	rol (*Rolle*)	hak (*Recht*)	resim (*Bild*)
(benim)	**saatim**	**rolüm**	**hakkım**	**resmim**
(senin)	**saatin**	**rolün**	**hakkın**	**resmin**
(onun)	**saati**	**rolü**	**hakkı**	**resmi**
(bizim)	**saatimiz**	**rolümüz**	**hakkımız**	**resmimiz**
(sizin)	**saatiniz**	**rolünüz**	**hakkınız**	**resminiz**
(onların)	**saatleri**	**rolleri**	**hakları**	**resimleri**

Besonders zu merken ist das Wort **su** (*Wasser*), dessen Wortstamm bei Anfügung von Endungen, die mit Vokal beginnen, zu **suy-** erweitert wird:

▶ Kap. 3 Deklination der Substantive, S. 21

(benim)	**suyum**	(bizim)	**suyumuz**
(senin)	**suyun**	(sizin)	**suyunuz**
(onun)	**suyu**	(onların)	**suları**

Possessivendungen können auch an Substantive mit Pluralendung antreten:

	arkadaş	*Freund*
(benim)	**arkadaşlarım**	*meine Freunde*
(senin)	**arkadaşların**	*deine Freunde*
(onun)	**arkadaşları**	*seine/ihre Freunde*
(bizim)	**arkadaşlarımız**	*unsere Freunde*
(sizin)	**arkadaşlarınız**	*eure/Ihre Freunde*
(onların)	**arkadaşları**	*ihre Freunde*

Deklination der Substantive mit Possessivendung

Bei der Deklination treten die Fallendungen an die Possessivendung an.

Die Possessivendungen der 3. Pers. Sing. und Pl. werden beim Antritt einer Fallendung um ein **n** erweitert (das **pronominale n**). Die übrigen Possessivendungen bleiben unverändert.

	mein Haus	*dein Haus*	*sein/ihr Haus*	*unser Haus*	*euer/Ihr Haus*	*ihr Haus*
Nom.	**evim**	**evin**	**evi**	**evimiz**	**eviniz**	**evleri**
Gen.	**evimin**	**evinin**	**evinin**	**evimizin**	**evinizin**	**evlerinin**
Akk.	**evimi**	**evini**	**evini**	**evimizi**	**evinizi**	**evlerini**
Dat.	**evime**	**evine**	**evine**	**evimize**	**evinize**	**evlerine**
Lok.	**evimde**	**evinde**	**evinde**	**evimizde**	**evinizde**	**evlerinde**
Abl.	**evimden**	**evinden**	**evinden**	**evimizden**	**evinizden**	**evlerinden**

Die Possessivpronomen werden, wenn sie genannt werden, nicht dekliniert. Sie stehen unverändert vor ihrem Bezugswort: **bizim evimizde** (*in unserem Haus*), **senin arkadaşına** (*deinem Freund*).

Die Genitiv-Verbindung

Der Genitiv wird verwendet, um ein Besitz- oder Zugehörigkeitsverhältnis zwischen zwei Substantiven auszudrücken. Dabei erhält der „Besitzer" die Genitivendung **-(n)in** und der „Besitz" die Possessivendung der 3. Pers. Sing. **-(s)i**. Die zwei Substantive in einer Genitiv-Verbindung werden also doppelt miteinander verkettet.

Schema der türkischen Genitiv-Verbindung	
erstes Substantiv: **Besitzer + -(n)in**	zweites Substantiv: **Besitz + -(s)i**

Adem'in evi	*Adems Haus*	*(wörtl.: Adems sein Haus)*
otelin barı	*die Bar des Hotels*	*(wörtl.: des Hotels seine Bar)*
otobüsün şoförü	*der Fahrer des Busses*	*(wörtl.: des Busses sein Fahrer)*
aşkın etkisi	*die Wirkung der Liebe*	*(wörtl.: der Liebe ihre Wirkung)*

Zwischen die beiden Substantive einer Genitiv-Verbindung kann ein Adjektiv treten:

otobüsün yeni şoförü — *der neue Fahrer des Busses*
aşkın büyük etkisi — *die große Wirkung der Liebe*

Die Fragewörter für den Genitiv lauten **kimin** (*wessen*) und **neyin** (*von was*). Diese Fragewörter stehen selbst im Genitiv und bilden im Fragesatz mit dem Substantiv, nach dessen Besitzer gefragt wird, eine Genitiv-Verbindung:

Bu kimin evi? — **Adem'in.**
Wessen Haus ist das? — *Adems.*
Bu neyin anahtarı — **Bodrum kapısının.**
Von was ist das der Schlüssel? — *Von der Kellertür.*

Bei der Deklination von Genitiv-Verbindungen nicht das pronominale **n** bei der 3. Pers. vergessen!

	Adems Haus	*Adems Häuser*
Nom.	**Adem'in evi**	**Adem'in evleri**
Gen.	**Adem'in evinin**	**Adem'in evlerinin**
Akk.	**Adem'in evini**	**Adem'in evlerini**
Dat.	**Adem'in evine**	**Adem'in evlerine**
Lok.	**Adem'in evinde**	**Adem'in evlerinde**
Abl.	**Adem'in evinden**	**Adem'in evlerinden**

Das Possessivkompositum

Im Türkischen können zwei Substantive zu einem neuen festen Begriff verschmolzen werden. Dies erfolgt in Form eines Possessivkompositums. Das erste Substantiv eines Possessivkompositums ist ein Wort, das den neuen Begriff in Bezug auf Art oder Ort eingrenzt. Das zweite Substantiv ist der Oberbegriff, der durch den ersten Begriff eingegrenzt wird.

Das erste Substantiv steht immer im Nominativ, das zweite trägt die Possessivendung der 3. Pers. **-(s)i**, daher der Name.

Schema des Possessivkompositums	
erstes Substantiv: **Art oder Ort bestimmender Begriff**	zweites Substantiv: **Oberbegriff + -(s)i**

Possessivkomposita, bei denen der erste Bestandteil eine Artbestimmung darstellt:

elma *Apfel*	+	**çay** *Tee*	▶	**elma çayı** *Apfeltee*
saat *Uhr*	+	**kule** *Turm*	▶	**saat kulesi** *Uhrturm*
yaya *Fußgänger*	+	**köprü** *Brücke*	▶	**yaya köprüsü** *Fußgängerbrücke*
cep *Tasche*	+	**telefon** *Telefon*	▶	**cep telefonu** *Handy*

Um Begriffe, die keine Personen bezeichnen, mit einer Nationalität zu bestimmen, werden im Türkischen keine Adjektive verwendet wie im Deutschen, sondern es werden Possessivkomposita der folgenden Art gebildet:

Türk *Türke*	+	**kahve** *Kaffee*	▶	**Türk kahvesi** *türkischer Kaffee (wörtl.: Türkenkaffee = Kaffee nach Türkenart)*
Alman *Deutscher*	+	**müzik** *Musik*	▶	**Alman müziği** *deutsche Musik (wörtl.: Deutschenmusik)*

Beispiele für Possessivkomposita, deren erster Bestandteil eine Ortsbestimmung darstellt:

Seylan	+	**çay** *Tee*	▶	**Seylan çayı** *Ceylontee*
Pisa	+	**kule** *Turm*	▶	**Pisa Kulesi** *der Turm von Pisa*
Galata	+	**köprü** *Brücke*	▶	**Galata Köprüsü** *Galatabrücke*

Bei der Deklination von Possessivkomposita nicht das pronominale **n** vergessen, das zwischen der Possessivendung der 3. Pers. und der Fallendung auftritt!

▶ Kap. 3 Deklination der Substantive mit Possessivendung, S. 25 f.

Nom.	**Galata Köprüsü**
Gen.	**Galata Köprüsünün**
Akk.	**Galata Köprüsünü**
Dat.	**Galata Köprüsüne**
Lok.	**Galata Köprüsünde**
Abl.	**Galata Köprüsünden**

Wenn an ein Possessivkompositum eine weitere Possessivendung tritt, ersetzt die neue Possessivendung die eigentliche Possessivendung des Kompositums:

(benim) cep telefonum *mein Handy*
(senin) cep telefonun *dein Handy*
(onun) cep telefonu *sein/ihr Handy*
(bizim) cep telefonumuz *unser Handy*
(sizin) cep telefonunuz *euer/Ihr Handy*
(onların) cep telefonları *ihr Handy*

Weitere Begleiter des Substantivs

Weitere Begleiter des Substantivs können sein:

Zahlwörter	**bir** oda **iki** ev	*ein Zimmer* *zwei Häuser*
Demonstrativpronomen	**bu** oda **şu** ev **o** ev	*dieses Zimmer* *das Haus da* *jenes Haus*
Indefinitpronomen	**her** oda **bütün** odalar **bazı** odalar **biraz** Türkçe	*jedes Zimmer* *alle Zimmer* *manche Zimmer* *etwas Türkisch*
Fragepronomen	**hangi** oda? **hangi** kapı?	*welches Zimmer?* *welche Tür?*

Als Begleiter stehen Zahlwörter, Demonstrativpronomen, Indefinitpronomen und Fragepronomen unverändert vor dem Substantiv. Die Pluralendung und Fallendungen werden an das Substantiv angehängt.

Das Adjektiv (sıfat/önad)

Wenn das Adjektiv als Attribut gebraucht wird, steht es vor dem Substantiv und bleibt immer unverändert. Dekliniert wird nur das Substantiv:

Nom.	**büyük ev** *das große Haus*	**büyük evler** *die großen Häuser*
Gen.	**büyük evin**	**büyük evlerin**
Akk.	**büyük evi**	**büyük evleri**
Dat.	**büyük eve**	**büyük evlere**
Lok.	**büyük evde**	**büyük evlerde**
Abl.	**büyük evden**	**büyük evlerden**

Der unbestimmte Artikel **bir** (*ein*) steht in der Regel zwischem dem Adjektiv und dem Subjekt:

büyük bir ev	*ein großes Haus*
akıllı bir kız	*ein kluges Mädchen*

Demonstrativpronomen stehen dagegen vor dem Adjektiv:

bu büyük ev	*dieses große Haus*
o akıllı kız	*jenes kluge Mädchen*

Wenn das Adjektiv als Prädikativ gebraucht wird, steht es hinter dem Substantiv, auf das es sich bezieht:

Gebrauch als Attribut:	**büyük ev**	*das große Haus*
Gebrauch als Prädikativ:	**Ev büyük.**	*Das Haus ist groß.*

▶ Kap. 14 Der Aussagesatz, S. 98

Viele Adjektive können auch als Substantive gebraucht werden. Dann können sie Plural-, Fall- und Possessivendungen annehmen:

	als Adjektiv	als Substantiv
genç	*jung*	*Jugendliche(r)*
yaşlı	*alt*	*Alte(r)*
hasta	*krank*	*Kranke(r)*

Die Steigerung des Adjektivs

Die Steigerung der Adjektive erfolgt im Türkischen, indem dem Adjektiv für den Komparativ die Partikel **daha** und für den Superlativ die Partikel **en** vorangestellt wird.

güzel *schön*	**daha güzel** *schöner*	**en güzel** *schönste/am schönsten*
küçük *klein*	**daha küçük** *kleiner*	**en küçük** *kleinste/am kleinsten*

Es gibt keine unregelmäßigen Steigerungsformen:

iyi *gut*	**daha iyi** *besser*	**en iyi** *beste/am besten*
çok *viel*	**daha çok** *mehr*	**en çok** *meiste/am meisten*

Vergleichssätze

In Vergleichssätzen hat das Wort, mit dem verglichen wird, die Ablativendung **-den** und steht direkt vor dem Adjektiv. Die Steigerungspartikel **daha** ist dann nicht nötig und wird nur zur Hervorhebung benutzt und bedeutet dann *noch*. Ein Wort wie das deutsche *als* gibt es nicht. Die Funktion von *als* wird im Türkischen durch den Ablativ in der Position unmittelbar vor dem Adjektiv erfüllt.

Hamburg Bremen'den (daha) büyük. *Hamburg ist (noch) größer als Bremen.*
Bu kız senden (daha) çalışkan. *Dieses Mädchen ist (noch) fleißiger als du.*

Die Zahlwörter (sayılar)

Die Grundzahlen

0	sıfır	20	yirmi	100	yüz		
1	bir	21	yirmi bir	101	yüz bir		
2	iki	22	yirmi iki	102	yüz iki		
3	üç	23	yirmi üç	110	yüz on		
4	dört	30	otuz	112	yüz on iki		
5	beş	31	otuz bir	120	yüz yirmi		
6	altı	32	otuz iki	200	iki yüz		
7	yedi	40	kırk	251	iki yüz elli bir		
8	sekiz	41	kırk bir	300	üç yüz		
9	dokuz	42	kırk iki	1.000	bin		
10	on	50	elli	1.001	bin bir		
11	on bir	51	elli bir	1.543	bin beş yüz kırk üç		
12	on iki	60	altmış	2.000	iki bin		
13	on üç	61	altmış bir	10.000	on bin		
14	on dört	70	yetmiş	20.000	yirmi bin		
15	on beş	71	yetmiş bir	100.000	yüz bin		
16	on altı	80	seksen	200.000	iki yüz bin		
17	on yedi	81	seksen bir	1.000.000	bir milyon		
19	on dokuz	90	doksan	2.000.000	iki milyon		

Die Grundzahlen werden sowohl als Adjektive als auch als Substantive verwendet. Als Adjektive stehen sie unverändert vor dem Substantiv, auf das sie sich beziehen. Das Substantiv hat dabei in der Regel keine Pluralendung.

beş ev *fünf Häuser*
on altı araba *sechzehn Autos*

In substantivischem Gebrauch werden die Grundzahlen normal dekliniert:

Nom.	**beş**
Gen.	**beşin**
Akk.	**beşi**
Dat.	**beşe**
Lok.	**beşte**
Abl.	**beşten**

Die Ordnungszahlen

Die Ordnungszahlen werden durch die Endung **-(i)nci** (gV) gebildet:

Bildung: Grundzahl + **-(i)nci**.

Der Anfangsvokal der Endung fällt weg, wenn die Grundzahl mit einem Vokal endet.

Bei der Schreibung mit Ziffern wird die Endung mit einem Apostroph von der Ziffer abgetrennt:

1.	**birinci**	1'inci	20.	**yirminci**	20'nci
2.	**ikinci**	2'nci	30.	**otuzuncu**	30'uncu
3.	**üçüncü**	3'üncü	40.	**kırkıncı**	40'ıncı
4.	**dördüncü**	4'üncü	50.	**ellinci**	50'nci
5.	**beşinci**	5'inci	60.	**altmışıncı**	60'ıncı
6.	**altıncı**	6'ncı	70.	**yetmişinci**	70'inci
7.	**yedinci**	7'nci	80.	**sekseninci**	80'inci
8.	**sekizinci**	8'inci	90.	**doksanıncı**	90'ıncı
9.	**dokuzuncu**	9'uncu	100.	**yüzüncü**	100'üncü
10.	**onuncu**	10'uncu	1.000.	**bininci**	1000'inci

Bei zusammengesetzten Zahlen wird die Endung **-(i)nci** an die letzte Zahl angefügt: **on birinci** *elfter*, **on ikinci** *zwölfter*, **iki yüz elli üçüncü** *zweihundertdreiundfünfzigster*.

Bruch- und Prozentzahlen

Bildung der Bruchzahlen: der Nenner als Grundzahl mit Lokativendung, gefolgt vom Zähler. In derselben Weise werden auch Prozentzahlen ausgedrückt: **yüzde** (*in Hundert*), gefolgt von der Prozentzahl:

1/2	**yarım**	2/5	**beşte iki**
1/4	**çeyrek/dörtte bir**	1/12	**on ikide bir**
3/4	**üç çeyrek/dörtte üç**	10%	**yüzde on (%10)**
1/3	**üçte bir**	25%	**yüzde yirmi beş (%25)**
2/3	**üçte iki**	eine Promille	**binde bir**
1/5	**beşte bir**	zwei Promille	**binde iki**

Bruch- und Prozentzahlen werden dekliniert, indem die Fallendungen an den Zähler treten:

Nom.	**yüzde beş (%5)**
Gen.	**yüzde beşin (%5'in)**
Akk.	**yüzde beşi (%5'i)**
Dat.	**yüzde beşe (%5'e)**
Lok.	**yüzde beşte (%5'te)**
Abl.	**yüzde beşten (%5'ten)**

Jahreszahl- und Datumsangaben

Jahreszahlen werden mit Grundzahlen angegeben:

1999	**bin dokuz yüz doksan dokuz**
2005	**iki bin beş**

Die Jahreszahlen werden oft mit dem Wort **yıl** oder **sene** (*Jahr*) in Form eines Possessivkompositums kombiniert:

Bildung: Jahreszahl + **yılı/senesi**

2005 yılı **2005 senesi**	*das Jahr 2005*

Deklination:

Nom.	**2005 yılı**	*das Jahr 2005*
Gen.	**2005 yılının**	*des Jahres 2005*
Akk.	**2005 yılını**	*das Jahr 2005*
Dat.	**2005 yılına**	*bis zum Jahr 2005*
Lok.	**2005 yılında**	*im Jahr 2005*
Abl.	**2005 yılından**	*vom Jahr 2005*

In der Alltagsprache wird auch oft die bloße Ordnungszahl zur Datumsangabe verwendet:

Adem 1978'de okulu bitirdi. — *Adem hat 1978 die Schule abgeschlossen.*
Osmanlı İmparatorluğu 1923'e kadar sürdü. — *Das Osmanische Reich dauerte bis 1923.*

Ein Datum kann einfach mit den Grundzahlen angegeben werden:

3. 3. 2005'te — **üç üç iki bin beşte** — *am 3. 3. 2005*

Die Uhrzeit

Saat kaç? – Wie viel Uhr ist es?

Die einfachste gängige Art, auf die Frage **saat kaç?** (*wie viel Uhr ist es?*) zu antworten, ist das bloße Nennen der Stunden- und Minutenzahl:

Saat 3. — **Saat üç.** — *Drei Uhr.*
Saat 3.20. — **Saat üç yirmi.** — *3 Uhr 20.*
Saat 7.30. — **Saat yedi otuz.** — *7 Uhr 30.*

In der Umgangssprache wird **saat** (*Uhr/Stunde*) meist weggelassen:

3. — **Üç.** — *Drei.*
3.20. — **Üç yirmi.** — *3 Uhr 20.*

Eine schwierigere, aber sehr gebräuchliche Art der Zeitangabe erfolgt ab einer halben Stunde bis zur nächsten vollen Stunde folgendermaßen:

nächste volle Stunde + Dativendung **-(y)e**	fehlende Minutenzahl bis dahin	**var** (*es gibt*)
Üçe	**on**	**var.**

Üçe on var. — *(Es ist) zehn vor drei.* *(wörtl.: Bis drei gibt es noch zehn.)*

Üçe yirmi var. — *(Es ist) zwanzig vor drei.*

Ab einer vollen Stunde bis zur nächsten halben Stunde lautet das Schema so:

letzte volle Stunde + Akkusativendung **-(y)i**	seitdem vergangene Minuten	**geçiyor** (*gehen vorbei*)
Üçü	**on**	**geçiyor.**

Üçü on geçiyor. — *(Es ist) zehn nach drei.* *(wörtl.: Zehn gehen an drei vorbei.)*

Üçü yirmi geçiyor. — *(Es ist) zwanzig nach drei.*

Für eine Viertelstunde wird das Wort **çeyrek** (*viertel*) verwendet:

Üçe çeyrek var. — *(Es ist) Viertel vor drei.*
Üçü çeyrek geçiyor. — *(Es ist) Viertel nach drei.*

Für halbe Stunden wird das Wort **buçuk** (*halb*) verwendet. Anders als im Deutschen wird eine halbe Stunde zur vergangenen vollen Stunde dazugezählt:

(Saat) bir buçuk. — *(Es ist) halb zwei.*
(Saat) iki buçuk. — *(Es ist) halb drei.*
(Saat) üç buçuk. — *(Es ist) halb vier.*

Nur *halb eins* weicht von diesem Schema ab:

Saat yarım. — *Es ist halb eins.*

Volle Stunden:

(Saat) üç. — *Drei Uhr.*
(Saat) on iki. — *Zwölf Uhr.*

Saat kaçta – Um wie viel Uhr?

Mit der Frage **saat kaçta?** (*um wie viel Uhr?*) oder auch **ne zaman?** (*wann?*) fragt man nach einem Zeitpunkt. Die einfachste Art darauf zu antworten, ist das Nennen der Stunden- und Minutenzahl im Lokativ:

saat 8'de	**saat sekizde**	*um 8 Uhr*
saat 3.30'da	**saat üç otuzda**	*um 3 Uhr 30*
saat 5.15'te	**saat beş on beşte**	*um 5 Uhr 15*
saat 18.30'da	**saat on sekiz otuzda**	*um 18 Uhr 30*

Eine schwierigere aber sehr gebräuchliche Art zur Wiedergabe eines Zeitpunktes erfolgt ab einer halben Stunde bis zur nächsten vollen Stunde folgendermaßen:

nächste volle Stundenzahl + Dativendung **-(y)e**	Minutenzahl bis zur nächsten vollen Stunde	**kala**
üçe	**on**	**kala**

üçe on kala	*um zehn vor drei*
üçe yirmi kala	*um zwanzig vor drei*
üçe çeyrek kala	*um viertel vor drei*

Ab einer vollen Stunde bis zur nächsten halben Stunde lautet das Schema so:

letzte volle Stundenzahl + Akkusativendung **-(y)i**	seitdem vergangene Minutenzahl	**geçe**
üçü	**on**	**geçe**

üçü on geçe	*um zehn nach drei*
üçü yirmi geçe	*um zwanzig nach drei*
üçü çeyrek geçe	*um viertel nach drei*

Für halbe und volle Stunden erfolgt die Zeitangabe im Lokativ:

saat yarımda	*um halb eins*
saat bir buçukta	*um halb zwei*
saat iki buçukta	*um halb drei*
saat üçte	*um drei Uhr*
saat on ikide	*um zwölf Uhr*

Metro ne zaman geliyor?
Wann kommt die U-Bahn an?
Tren ne zaman kalkıyor?
Wann fährt der Zug ab?

Yediyi yirmi geçe.
Um zwanzig nach sieben.
Yediye yirmi kala.
Um zwanzig vor sieben.

Die Pronomen (zamir/adıl)

Die Personalpronomen

Nom.	**ben**	*ich*	**sen**	*du*	**o**	*er/sie*
Gen.	**benim**	*mein*	**senin**	*dein*	**onun**	*sein/ihr*
Akk.	**beni**	*mich*	**seni**	*dich*	**onu**	*ihn/sie*
Dat.	**bana**	*(zu) mir*	**sana**	*(zu) dir*	**ona**	*(zu) ihm/ihr*
Lok.	**bende**	*bei mir*	**sende**	*bei dir*	**onda**	*bei ihm/ihr*
Abl.	**benden**	*von mir*	**senden**	*von dir*	**ondan**	*von ihm/ihr*

Nom.	**biz**	*wir*	**siz**	*ihr/Sie*	**onlar**	*sie*
Gen.	**bizim**	*unser*	**sizin**	*euer/Ihr*	**onların**	*ihr*
Akk.	**bizi**	*uns*	**sizi**	*euch/Sie*	**onları**	*sie*
Dat.	**bize**	*(zu) uns*	**size**	*(zu) euch/Ihnen*	**onlara**	*(zu) ihnen*
Lok.	**bizde**	*bei uns*	**sizde**	*bei euch/Ihnen*	**onlarda**	*bei ihnen*
Abl.	**bizden**	*von uns*	**sizden**	*von euch/Ihnen*	**onlardan**	*von ihnen*

Die Genitivformen der türkischen Personalpronomen sind zugleich die türkischen Possessivpronomen.

▶ Kap. 3 Die Possessivendungen, S. 23

Die Demonstrativpronomen

Im Türkischen gibt es drei Demonstrativpronomen, die substantivisch oder adjektivisch verwendet werden. Sie unterscheiden sich voneinander in der Distanz, in der die sprechende Person sich zu ihnen befindet oder fühlt.

bu	*der, die, das hier/diese(r)/dieses*
şu	*der, die, das da/diese(r)/dieses*
o	*der, die, das dort/jene(r)/jenes*

In adjektivischem Gebrauch stehen sie unverändert vor ihrem Bezugswort:

bu ev	*dieses Haus hier*
şu insanlar	*diese Leute da*
o güzel günler	*jene schönen Tage*

In substantivischem Gebrauch werden sie dekliniert und haben auch Pluralformen mit der Pluralendung **-ler**. Die Deklination ist regelmäßig. Allerdings werden beim Antritt von Fall- oder Pluralendungen die Wortstämme der Pronomen durch das **pronominale n** erweitert.

Nom.	Gen.	Akk.	Dat.	Lok.	Abl.
bu **bunlar**	**bunun** **bunların**	**bunu** **bunları**	**buna** **bunlara**	**bunda** **bunlarda**	**bundan** **bunlardan**
şu **şunlar**	**şunun** **şunların**	**şunu** **şunları**	**şuna** **şunlara**	**şunda** **şunlarda**	**şundan** **şunlardan**
o **onlar**	**onun** **onların**	**onu** **onları**	**ona** **onlara**	**onda** **onlarda**	**ondan** **onlardan**

Das Reflexivpronomen kendi

Das türkische Reflexivpronomen **kendi** unterscheidet sich in mancher Hinsicht vom Reflexivpronomen im Deutschen. Es kann adjektivisch und substantivisch gebraucht werden. In adjektivischem Gebrauch steht es unverändert vor einem Substantiv mit Possessivendung und bedeutet dann *mein/dein/sein/etc. eigene(r)*:

kendi evim	*mein eigenes Haus*
kendi evin	*dein eigenes Haus*
kendi evi	*sein/ihr eigenes Haus*
kendi evimiz	*unser eigenes Haus*
kendi eviniz	*euer/Ihr eigenes Haus*
kendi evleri	*ihr eigenes Haus*

In substantivischem Gebrauch hat es selbst eine Possessivendung und bedeutet dann *ich selbst, du selbst, er/sie selbst etc.*

kendim	*ich selbst*	**kendimiz**	*wir selbst*
kendin	*du selbst*	**kendiniz**	*ihr/Sie selbst*
kendisi	*er/sie selbst*	**kendileri**	*sie selbst*

Die Reflexivpronomen werden regelmäßig, wie Substantive mit Possessivendungen allgemein, dekliniert.

▶ Kap. 3 Deklination der Substantive mit Possessivendung, S. 25 f

Nom.	**kendim** *ich selbst*	**kendin** *du selbst*	**kendisi** *er/sie selbst*
Gen.	**kendimin** *von mir selbst*	**kendinin** *von dir selbst*	**kendisinin** *von ihm/ihr selbst*
Akk.	**kendimi** *mich selbst*	**kendini** *dich selbst*	**kendisini** *sich selbst*
Dat.	**kendime** *(zu) mir selbst*	**kendine** *(zu) dir selbst*	**kendisine** *(zu) sich selbst*
Lok.	**kendimde** *bei mir selbst*	**kendinde** *bei dir selbst*	**kendisinde** *bei sich selbst*
Abl.	**kendimden** *von mir selbst*	**kendinden** *von dir selbst*	**kendisinden** *von sich selbst*

Die Fragepronomen

Kim – wer

Das Fragepronomen **kim** (*wer*) wird regelmäßig dekliniert.

Nom.	**kim?**	*wer?*
Gen.	**kimin?**	*wessen?*
Akk.	**kimi?**	*wen?*
Dat.	**kime?**	*(zu) wem?*
Lok.	**kimde?**	*bei wem?*
Abl.	**kimden?**	*von wem?*

Kim geldi? – Adem. *Wer ist gekommen? – Adem.*
Bu para kimin? – Adem'in. *Wem gehört das Geld? – Adem.*
Kimi bekliyorsun? – Adem'i. *Wen erwartest du? – Adem.*
Kime yazıyorsun? – Adem'e. *An wen schreibst du? – An Adem.*
Kimde kalıyorsun? – Adem'de. *Bei wem wohnst du? – Bei Adem.*
Kitabı kimden aldın? – Adem'den. *Von wem hast du das Buch bekommen? – Von Adem.*

Kim kann eine Pluralendung erhalten: **kimler** (*wer alles*) und ist dann auch normal deklinierbar:

Kimler geldi? *Wer ist alles gekommen?*
Kimleri tanıyorsun? *Wen kennst du alles?*
Kimlere mektup yazdın. *An wen alles hast du Briefe geschrieben?*

Ne – was

Bei der Deklination des Fragewortes **ne** (*was*) tritt im Genitiv eine Unregelmäßigkeit auf. Ansonsten ist die Deklination regelmäßig.

Nom.	**ne?**	*was?*
Gen.	**neyin?**	*von was?*
Akk.	**neyi?**	*was (genau)?*
Dat.	**neye?**	*zu was? wozu?*
Lok.	**nede?**	*wobei? worauf?*
Abl.	**neden?**	*woraus?*

Ne okuyorsun? *Was liest du?*
Bu neyin anahtarı? – Evimin. *Von was ist das der Schlüssel? – Von meinem Haus.*

Neyi gördün? *Was genau hast du gesehen?*
Neye bakıyorsun? *Wonach schaust du?*
Nede ısrar etmek istiyorsun? *Worauf willst du bestehen?*
Yoğurt neden yapılır? *Woraus wird Joghurt gemacht?*

Wie **kim** kann auch **ne** eine Pluralendung erhalten: **neler** (*was alles*).

Geçen yılda neler öğrendin? *Was hast du im letzten Jahr alles gelernt?*
A vitamini nelerde bulunur? *Worin findet sich überall Vitamin A?*

Hangi(si) – welcher

Das Fragewort **hangi** (*welche(r), welches*) wird adjektivisch gebraucht und steht unverändert vor dem Bezugswort.

Hangi kravat daha güzel?	*Welche Krawatte ist schöner?*
Hangi lokantaya gidiyorsunuz?	*In welches Restaurant geht ihr/gehen Sie?*

Hangi kann die Possessivendung der 3. Pers. **-si** erhalten und wird dann substantivisch gebraucht: **hangisi** (*welche(r)/welches von ihnen*). **Hangisi** fragt nach einer bestimmten Person oder Sache aus einer Gruppe, auf die sich die Possessivendung bezieht.

Hangisi daha tatlı? Bal mı veya şeker mi?	*Welches ist süßer? Honig oder Zucker?*

Infolge der Possessivendung erscheint bei der Deklination von **hangisi** das pronominale **n**.

Hangisini almak istiyorsunuz?	*Welches möchten Sie kaufen?*

▶ Kap. 3 Deklination der Substantive mit Possessivendung, S. 25 f

Weitere Fragepronomen

Adem nerede oturuyor? *Wo wohnt Adem?*	**İzmir'de.** *In Izmir.*
Nereden geliyorsunuz? *Woher kommen Sie?*	**Berlin'den.** *Aus Berlin.*
Adem nereye uçuyor? *Wohin fliegt Adem?*	**Antalya'ya.** *Nach Antalya.*
Uçak ne zaman gidiyor? *Wann fliegt das Flugzeug ab?*	**Yarın sabah.** *Morgen früh.*
Antalya'da ne kadar kalıyorsunuz? *Wie lange bleiben Sie in Antalya?*	**İki hafta.** *Zwei Wochen.*
Hava nasıl? *Wie ist das Wetter?*	**Hava güzel.** *Das Wetter ist schön.*
Nasılsınız? *Wie geht es Ihnen?*	**Teşekkür ederim. İyiyim.** *Danke, mir geht es gut.*
Nasıl bir gömlek istiyorsunuz? *Was für ein Hemd möchten Sie?*	**Mavi bir gömlek.** *Ein blaues.*
Kaç kilo verdin? *Wie viel Kilo hast du abgenommen?*	**Beş kilo.** *Fünf Kilo.*
Kaç kişi geldi? *Wie viele Personen sind gekommen?*	**Üç kişi.** *Drei.*
Ne kadar zeytin istiyorsunuz. *Wie viel Oliven möchten Sie?*	**250 gram, lütfen.** *250 Gramm, bitte.*
Ceket ne kadar? *Wie viel kostet die Jacke?*	**Kırk lira.** *Vierzig Lira.*
Domatesler ne kadar? *Wie viel kosten die Tomaten?*	**Kilosu bir lira.** *Das Kilo eine Lira.*
Domates kaça? *Was kosten die Tomaten?*	**Kilosu bir liraya.** *Das Kilo eine Lira.*
Kavunlar kaça? *Wie viel kosten die Melonen?*	**Tanesi bir buçuk liraya.** *Das Stück eineinhalb Lira.*
Kaçıncı katta oturuyorsun? *Im wievielten Stock wohnst du?*	**Üçüncu katta.** *Im dritten Stock.*

Die Indefinitpronomen

Indefinitpronomen bezeichnen eine unbestimmte Menge von Personen oder Dingen. Es gibt adjektivische und substantivische Indefinitpronomen.

Im Türkischen sind viele substantivische Indefinitpronomen aus Adjektiven oder Pronomen durch das Antreten einer Possessivendung der 3. Pers. gebildet, z.B. **biri** (*jemand*) aus **bir** (*ein*), **bazısı** (*mancher einer*) aus **bazı** (*manch ein*) oder **kimi** (*mancher*) aus **kim** (*wer*). In der Deklination erscheint bei diesen Wörtern das pronominale n:
▶ Kap. 3 Deklination der Substantive mit Possessivendung, S. 25 f

	jemand		manch einer	alle, alles
Nom.	**biri**	**birisi**	**kimi**	**hepsi**
Gen.	**birinin**	**birisinin**	**kiminin**	**hepsinin**
Akk.	**birini**	**birisini**	**kimini**	**hepsini**
Dat.	**birine**	**birisine**	**kimine**	**hepsine**
Lok.	**birinde**	**birisinde**	**kiminde**	**hepsinde**
Abl.	**birinden**	**birisinden**	**kiminden**	**hepsinden**

- **biri** und **birisi** (*einer, irgendeiner, jemand*)

  Biri kapıyı çalıyor. — *Es klopft jemand an der Tür.*
  Yolu bilmiyorsan birine sor. — *Frag jemanden, wenn du den Weg nicht weißt.*

  In negierten Sätzen bedeutet **biri** *niemand*!

  Onlardan biri gelmedi. — *Von ihnen kam niemand.*

- **hiçbiri** (*niemand*), wird in verneinten Sätzen verwendet. Das **hiç** ist eher eine Verstärkung der Verneinung.

  Bunlardan hiçbirini tanımıyorum. — *Ich kenne überhaupt niemanden von ihnen.*
  Hiçbiri ona cevap verdi. — *Niemand gab ihr eine Antwort.*

- **kimse/hiç kimse** (*jemand/niemand*), nur substantivische Verwendung, **hiç kimse** wird nur in verneinten Sätzen verwendet.

  Kimse aradı mı? — *Hat jemand angerufen?*
  Hayır, hiç kimse aramadı. — *Nein, niemand hat angerufen.*

- **kimi** (*manche(r), einige*) wird adjektivisch und substantivisch verwendet.

  Kimi insanlar hayatta şanslıdır. — *Manche Menschen haben Glück im Leben.*
  Kimi her gün yüzüyor. — *Mancher schwimmt jeden Tag.*

- **bazı** (*manche(r)*); und substantivisch mit Possessivendung: **bazısı** (*mancher*)

  Bazı bitkiler zehirlidir. — *Manche Pflanzen sind giftig.*
  Bazısı erken kalkıyor. — *Mancher steht früh auf.*

- **öteki** (*der/die/das andere von zweien*) wird adjektivisch und substantivisch verwendet.

dağın öteki yüzü	*die andere Seite des Berges*
Ötekini istiyorum.	*Ich möchte das andere.*
Evin birini Adem, ötekini Havva aldı.	*Das eine der Häuser hat Adem gekauft, das andere Havva.*

- **başka** (*andere(r)*); und substantivisch mit Possessivendung: **başkası** (*der/die/das andere*)

Başka bir yere gidelim.	*Gehen wir an einen anderen Ort.*
Başkası var mı?	*Gibt es einen anderen?*

- **birkaç** (*einige*); und substantivisch mit Possessivendung: **birkaçı** (*einige*)

Birkaç sorum var.	*Ich habe einige Fragen.*
Birakaçı orada kaldı.	*Einige sind dageblieben.*

- **birçok** (*viele*); und substantivisch mit Possessivendung: **birçoğu** (*viele*)

Birçok seyirci stada giremedi.	*Viele Zuschauer konnten nicht ins Stadion.*
Birçoğu geri dönmedi.	*Viele sind nicht zurückgekehrt.*

- **hepsi** (*alle, alles*)

Hepsi ne kadar?	*Was macht das alles zusammen?*
Hepsi 20 lira.	*Alles zusammen 20 Lira.*

- **her** (*jede(r), jedes*); und davon abgeleitet das substantivische **herkes** (*jeder*)

Her insan hata yapar.	*Jeder Mensch macht Fehler.*
Herkesi tanıyorum.	*Ich kenne jeden.*

- **bir şey** (*etwas*)

  In positiven Sätzen bedeutet **bir şey** *etwas*:

Bir şey yapmalı.	*Man muss etwas tun.*

  In verneinten Sätzen bedeutet **bir şey** *nichts*:

Bir şey yapamadı.	*Er konnte nichts tun.*

- **hiç bir şey** (*nichts*) kommt in verneinten Sätzen vor. Das **hiç** ist eine Verstärkung:

Hiç bir şey yapamadı.	*Er konnte überhaupt nichts tun.*

- **her şey** (*alles*)

Her şey tamam.	*Alles in Ordnung!*

7

Das Adverb (zarf, belirteç)

Adverbien dienen zur näheren Bestimmung eines Verbs oder des Prädikats eines Satzes.

Adjektive als Adverbien

Die meisten Adjektive können in unveränderter Form auch als Adverb verwendet werden.

Gebrauch als Adjektiv:	Gebrauch als Adverb:
Hava güzel.	**Güzel yaptın.**
Das Wetter ist schön.	*Das hast du schön gemacht.*
açık kapı günü	**Açık konuşalım!**
Tag der offenen Tür	*Reden wir offen!*
İstanbul'da çok insan yaşıyor.	**Adem çok okuyor.**
In Istanbul leben viele Menschen.	*Adem liest viel.*

Als Adverbien gebrauchte Adjektive werden regelmäßig gesteigert.
▶ Kap. 4 Die Steigerung des Adjektivs, S. 29

Adem çok okuyor.	*Adem liest viel.*
Havva daha çok okuyor.	*Havva liest mehr.*
En çok ben okuyorum.	*Am meisten lese ich.*

Lokaladverbien

Lokaladverbien geben Auskunft auf die Fragen wohin?, wo? und woher? Diese Fragewörter werden im Türkischen aus dem Substantiv **nere?** (*welcher Ort?*) gebildet, dem die Endungen der türkischen Ortsfälle Dativ, Lokativ und Ablativ angehängt werden:

nereye?	*wohin?*
nerede?	*wo?*
nereden?	*woher?*

Aus den Substantiven **bura** (*dieser Ort hier*), **şura** (*der Ort da drüben*) und **ora** (*der Ort dort*), die ohne Endung kaum vorkommen, werden durch Anhängen von Dativ-, Lokativ- und Ablativendungen adverbial gebrauchte Substantive, die wir im Deutschen mit Adverbien wiedergeben:

buraya	*hierher*	**şuraya**	*dahin*	**oraya**	*dorthin*
burada	*hier*	**şurada**	*da*	**orada**	*dort*
buradan	*von hier*	**şuradan**	*von da*	**oradan**	*von dort*

Orada bir otel var mı?	*Gibt es dort ein Hotel?*
Lütfen buraya gel.	*Bitte komm hierher.*
Şuraya hiç gelmedim.	*Da bin ich noch nie hingekommen.*

Die Adverbien **içeri** (*hinein*), **dışarı** (*hinaus*), **aşağı** (*hinunter*) und **yukarı** (*hinauf*) werden meist substantivisch verwendet, indem sie Dativ-, Lokativ- und Ablativendungen erhalten. Sie nehmen dann folgende Bedeutungen an:

içeriye	*hinein*	**dışarıya**	*hinaus*
içeride	*drinnen*	**dışarıda**	*draußen*
içeriden	*von drinnen*	**dışarıdan**	*von draußen*

aşağıya	*hinunter*	**yukarıya**	*hinauf*
aşağıda	*unten*	**yukarıda**	*oben*
aşağıdan	*von unten*	**yukarıdan**	*von oben, herunter*

İçeride hava sıcak.	*Drinnen ist es warm.*
Dışarıda hava soğuk.	*Draußen ist es kalt.*
Adem dışarıya çıkıyor.	*Adem geht nach draußen.*
Adem dışarıdan geliyor.	*Adem kommt von draußen.*
Adem yukarıda oturuyor.	*Adem wohnt oben.*
Havva aşağıda oturuyor.	*Havva wohnt unten.*

Zur Wiedergabe von *links* und *rechts* werden die Substantive **sağ** (*rechte Seite*) und **sol** (*linke Seite*) mit Dativ-, Lokativ- und Ablativendungen versehen:

sağa	*nach rechts*	**sola**	*nach links*
sağda	*rechts*	**solda**	*links*
sağdan	*von rechts*	**soldan**	*von links*

Auch die Ortsbereichssubstantive wie **ön** (*vorderer Bereich*) und **arka** (*hinterer Bereich*) werden durch Annahme von Dativ-, Lokativ- und Ablativendungen zu allgemeinen adverbialen Bestimmungen:

▶ Ortsbereichssubstantive als Postpositionen, S. 96

öne	*nach vorn*	**arkaya**	*nach hinten*
önde	*vorn*	**arkada**	*hinten*
önden	*von vorne*	**arkadan**	*von hinten*

Ebenso **her yer** (*jeder Ort*), **bir yer** (*irgendein Ort*) und **hiçbir yer** (*kein Ort*):

her yere	*überallhin*	**bir yere**	*irgendwohin*	**hiçbir yere**	*nirgendwohin*
her yerde	*überall*	**bir yerde**	*irgendwo*	**hiçbir yerde**	*nirgendwo*
her yerden	*von überallher*	**bir yerden**	*von irgendwoher*	**hiçbir yerden**	*von nirgendwoher*

Temporaladverbien

Adverbien für vergangene Ereignisse:

o zamanlar *damals*	**O zamanlar her şey ucuzdu.** *Damals war alles billig.*
eskiden *früher*	**Eskiden her şey başkaydı.** *Früher war alles anders.*
bir zamanlar *(irgenwann) einmal*	**O bir zamanlar ünlü bir doktordu.** *Er war einmal ein berühmter Arzt.*
geçenlerde *kürzlich*	**Adem geçenlerde İzmir'deydi.** *Adem war kürzlich in Izmir.*
biraz önce *eben*	**Havva biraz önce geldi.** *Havva ist eben (gerade) angekommen.*

Adverbien für gegenwärtige Ereignisse:

şu anda *eben*	**Havva şu anda bir mektup yazıyor.** *Havva schreibt eben (gerade) einen Brief.*
şimdi *jetzt*	**Şimdi saat on.** *Es ist jetzt 10 Uhr.*
bugün *heute*	**Bugün pazar.** *Heute ist Sonntag.*

bu sabah	*heute Morgen*
bugün öğleyin	*heute Mittag*
bugün öğleden sonra	*heute Nachmittag*
bu akşam	*heute Abend*
bu günlerde	*heutzutage*

Adverbien für zukünftige Ereignisse:

birazdan/yakında *bald*	**Birazdan tekrar buradayım.** *Ich bin bald wieder da.*
hemen *gleich, sofort*	**Hemen geliyorum.** *Ich komme gleich.*
yarın *morgen*	**Yarın İstanbul'a gidiyorum.** *Ich fahre morgen nach Istanbul.*

yarın sabah	*morgen früh*
yarın öğleyin	*morgen Mittag*
yarın öğleden sonra	*morgen Nachmittag*
yarın akşam	*morgen Abend*

sonradan/sonra *später/nachher*	**Sonra pişman olacaksın.** *Später wirst du es bereuen.*

Adverbien, um ein Verhältnis zu einem anderen Zeitpunkt auszudrücken:

önce – sonra *zuerst – dann*	**Önce evet dedi, sonra hayır.** *Zuerst hat er ja gesagt, dann nein.*
sonra *dann*	**Okulu bitirdim, sonra bir yıl çalıştım.** *Ich habe mein Studium beendet, dann ein Jahr gearbeitet.*

ondan sonra *danach*	**Burada 3 gün kalıyorum. Ondan sonra Bodrum'a gidiyorum.** *Ich bleibe 3 Tage hier. Danach fahre ich nach Bodrum.*
o sırada *da*	**O sırada yağmur başladı.** *Da hat es mit dem Regen angefangen.*
arkasından *nachher*	**Ve arkasından bir çay lütfen.** *Und nachher bitte einen Tee!*
son olarak *zuletzt*	**Önce Havva geldi, sonra Patrick ve son olarak Adem.** *Zuerst kam Havva, dann Patrick und zuletzt Adem.*
sonunda *schließlich*	**Sonunda başarılı oldum.** *Schließlich war ich erfolgreich.*
bu arada *inzwischen*	**Bu arada çay yaptım.** *Inzwischen habe ich Tee gemacht.*
şimdiye kadar *bisher*	**Şimdiye kadar vaktim yoktu.** *Ich hatte bisher keine Zeit.*
o zamandan beri *seitdem*	**O zamandan beri hastayım.** *Seitdem bin ich krank.*

Häufigkeit und Wiederholung:

asla *nie*	**Asla, asla deme!** *Sag niemals nie!*
hemen hemen hiç *selten (fast nie, kaum)*	**Adem hemen hemen hiç evde olmaz.** *Adem ist selten zu Hause.*
bazen *manchmal*	**Havva bazen diskoya gidiyor.** *Havva geht manchmal zur Disko.*
ara sıra *ab und zu*	**Adem ara sıra Havva'ya yardım ediyor.** *Adem hilft ab und zu Havva.*
çoğunlukla *meistens*	**Adem çoğunlukla tiyatroya gidiyor.** *Adem geht meistens ins Theater.*
her zaman/hep *immer*	**Adem hep kahvehanededir.** *Adem ist immer im Café.*
her zaman *jederzeit*	**Her zaman burada çalışabilirsiniz.** *Sie können jederzeit hier arbeiten.*
bir defa, iki defa ... *einmal, zweimal etc.*	**Adem bir defa kapıyı çaldı.** *Adem hat einmal an die Tür geklopft.*
hep/her defa *jedes Mal*	**Havva hep birincidir.** *Havva ist jedes Mal die Erste.*
çok kez *mehrmals*	**Havva çok kez ödülü aldı.** *Havva hat mehrmals den Preis bekommen.*
tekrar *wieder*	**Üç saat sonra tekrar buradayım.** *In drei Stunden bin ich wieder da.*
her gün *täglich*	**Adem her gün 100 lira kazanıyor.** *Adem verdient täglich 100 Lira.*

her hafta	*wöchentlich*
her ay	*monatlich*
her yıl	*jährlich*

pazartesi *Montag*	**pazartesi günleri** *montags*
salı *Dienstag*	**salı günleri** *dienstags*
çarşamba *Mittwoch*	**çarşamba günleri** *mittwochs*

sabahları	*morgens*
öğlenleri	*mittags*
öğleden sonraları	*nachmittags*
akşamları	*abends*
geceleri	*nachts*

Augenblick und Dauer:

erken *früh*	**Bugün erken kalktım.** *Heute bin ich früh aufgestanden.*
geç *spät*	**Adem eve geç döndü.** *Adem ist spät nach Hause zurückgekehrt.*

saat *Stunde*	▶	**saatlerce**	*stundenlang*
gün *Tag*	▶	**günlerce**	*tagelang*
hafta *Woche*	▶	**haftalarca**	*wochenlang*
ay *Monat*	▶	**aylarca**	*monatelang*
yıl *Jahr*	▶	**yıllarca**	*jahrelang*

Das Verb (fiil/eylem)

Grundsätzliches zum türkischen Verb

Verbstamm und Infinitiv

Der Infinitv des türkischen Verbs besteht aus dem Verbstamm und der Infinitivendung **-mek** (kV).

Verbstamm	Infinitivendung	Infinitv	
gel-	**-mek**	**gelmek**	*kommen*
sür-	**-mek**	**sürmek**	*dauern*
al-	**-mak**	**almak**	*nehmen*
sor-	**-mak**	**sormak**	*fragen*

Das türkische Verb kennt viele Formen, und alle Formen werden dadurch gebildet, dass an den Verbstamm Endungen angehängt werden.

Der Verbstamm bleibt beim Antritt von Endungen immer unverändert.

Folgende Verben bilden von dieser Regel eine Ausnahme und wandeln das auslautende **t** ihres Verbstamms immer in ein **d**, wenn eine mit Vokal beginnende Endung antritt:

gitmek	*gehen*	▶	**gidiyor**	*er/sie geht*
etmek	*tun, machen*	▶	**ediyor**	*er/sie tut*
tatmak	*schmecken*	▶	**tadıyor**	*er/sie schmeckt*

Die Handlungsformen des türkischen Verbs

Türkische Verbstämme können durch bestimmte Wortbildungsendungen erweitert werden. Das Ergebnis ist ein neuer Verbstamm mit einer neuen, modifizierten Bedeutung. Auf diese Weise werden neue Handlungsformen des Verbs, nämlich Passiv, Reflexiv, Kausativ und Reziprok, gebildet.

einfaches Verb	**sevmek**	*lieben*
Passivform	**sevilmek**	*geliebt werden*
Reflexivform	**sevinmek**	*sich freuen*
Reziprokform	**sevişmek**	*einander lieben*
Kausativform	**sevdirmek**	*jemandes Liebe erwecken*

Was im Deutschen also durch mehrere Wörter erreicht wird (*geliebt werden, sich freuen etc.*), wird im Türkischen nur durch die Erweiterungen des Verbstamms durch einsilbige Endungen wie **-il, -in** etc. erreicht.

Meist stehen die Verben, deren Handlungsformen durch solche Endungen modifiziert sind, im Wörterbuch. Aber man kann selbstständig aus jedem beliebigen Verb mit Hilfe dieser Endungen neue Verben schaffen, soweit es einen Sinn ergibt.

Das Passiv

Die Endung zur Bildung passivischer Verben lautet:

- **-il** (gV), wenn der Verbstamm des Ausgangsverbs auf einen Konsonanten (außer auf **l**) endet;

sevmek	*lieben*	**sevilmek**	*geliebt werden*
görmek	*sehen*	**görülmek**	*gesehen werden*
açmak	*öffnen*	**açılmak**	*geöffnet werden*
sormak	*fragen*	**sorulmak**	*gefragt werden*

Adem kapıyı açtı. *Adem öffnete die Tür.*
Kapı açıldı. *Die Tür wurde geöffnet.*

- **-in** (gV), wenn der Verbstamm des Ausgangsverbs auf **l** endet;

bilmek	*wissen*	**bilinmek**	*gewusst werden*
bölmek	*teilen*	**bölünmek**	*geteilt werden*
almak	*nehmen*	**alınmak**	*genommen werden*
bulmak	*finden*	**bulunmak**	*gefunden werden*

Havva anahtarı buldu. *Havva hat den Schlüssel gefunden.*
Anahtar bulundu. *Der Schlüssel wurde gefunden.*

- **-n**, wenn der Verbstamm des Ausgangsverbs auf einen Vokal endet.

ödemek	*bezahlen*	**ödenmek**	*bezahlt werden*
yıkamak	*waschen*	**yıkanmak**	*gewaschen werden*

▶ Kap. 15 Der Passivsatz, S. 101

Das Reflexiv

Die Endung zur Bildung reflexiver Verben lautet:

- **-in** (gV), wenn der Verbstamm des Ausgangsverbs auf einen Konsonanten endet;

giymek	*anziehen*	**giyinmek**	*sich anziehen*
bölmek	*teilen*	**bölünmek**	*sich teilen*
takmak	*anhängen*	**takınmak**	*sich anhängen*
bulmak	*finden*	**bulunmak**	*sich (be)finden*

- **-n**, wenn der Verbstamm des Ausgangsverbs auf einen Vokal endet.

yıkamak	*waschen*	**yıkanmak**	*sich waschen*
taramak	*kämmen*	**taranmak**	*sich kämmen*

Adem ceketini giyiyor.	*Adem zieht seine Jacke an.*
Adem giyiniyor.	*Adem zieht sich an.*
Havva çocuğunu yıkadı.	*Havva wusch ihr Kind.*
Havva yıkandı.	*Havva wusch sich.*
Yıkandım.	*Ich wusch mich.*

Da bei Verbstämmen, die auf Vokal oder auf **l** enden, die Endungen für Passiv und Reflexiv gleich lauten, sind die entsprechenden erweiterten Verben häufig zweideutig:

yıkanmak	*gewaschen werden/sich waschen*
bölünmek	*geteilt werden/sich teilen*
bulunmak	*gefunden werden/sich befinden*

Das Reziprok

Reziproke Verben drücken in den meisten Fällen eine Wechselseitigkeit von zwei oder mehreren Subjekten aus, die im Deutschen durch die Wörter *gegeneinander, miteinander, einander*, manchmal auch nur durch *sich* ausgedrückt wird.

Die Endung zur Bildung reziproker Verben lautet:

- **-iş** (gV), wenn der Verbstamm des Ausgangsverbs auf einen Konsonanten endet;

sevmek	*lieben*	**sevişmek**	*einander lieben*
görmek	*sehen*	**görüşmek**	*sich sehen (zu einem Gespräch)*
vurmak	*schlagen*	**vuruşmak**	*sich (gegenseitig) schlagen*

- **-ş**, wenn der Verbstamm des Ausgangsverbs auf einen Vokal endet.

tanımak	*kennen*	**tanışmak**	*sich kennen*
anlamak	*verstehen*	**anlaşmak**	*sich verstehen*

In Sätzen mit reziproken Verben erhält das Partnersubjekt des wechselseitigen Geschehens die Postposition **ile** (*mit*) bzw. die Endung **-(y)le** (*mit*):

Havva Adem'le çok iyi anlaşıyor. *Havva versteht sich sehr gut mit Adem.*

Das Kausativ

Kausative Verben bezeichnen Handlungen oder Vorgänge, die das Geschehen des Grundverbs veranlassen. Im Deutschen werden kausative Handlungsformen häufig mit dem Funktionsverb *lassen* gebildet: so ist z.B. *bauen lassen* die Kausativform von *bauen*.

Die wichtigsten Endungen zur Bildung kausativer Verben:

- **-dir** (gV) (nach einem stimmlosen Konsonanten **-tir**) ist die häufigste Kausativendung. Sie kommt aber nie bei mehrsilbigen Verbstämmen vor, die auf einen Vokal oder auf **l** oder **r** enden.

bilmek	*wissen*	**bildirmek**	*mitteilen*
gülmek	*lachen*	**güldürmek**	*zum Lachen bringen*
yapmak	*machen*	**yaptırmak**	*machen lassen*
dolmak	*voll werden*	**doldurmak**	*füllen*

- **-t** bei mehrsilbigen Verbstämmen, die auf einen Vokal oder auf **l** oder **r** enden;

anlamak	*verstehen*	**anlatmak**	*erklären*
düzelmek	*sich bessern*	**düzeltmek**	*verbessern*

- **-ir** (gV) bei einer Reihe einsilbiger Verbstämme, die mit einem Konsonanten enden.

pişmek	*kochen (Essen)*	**pişirmek**	*kochen (Koch)*
doğmak	*zur Welt kommen*	**doğurmak**	*zur Welt bringen*

Das verneinte Verb

Im Türkischen werden Verben nicht durch ein Wort wie das deutsche *nicht* verneint, sondern durch eine Negationsendung, die an den Verbstamm antritt.

Die Negationsendung lautet **-me** (kV). Alle Verbstämme können die Negationsendung erhalten, auch Verbstämme, die durch eine Wortbildungsendung erweitert sind, wie passive oder kausative Verbstämme.

sevmek	*lieben*	**sevmemek**	*nicht lieben*
sevinmek	*sich freuen*	**sevinmemek**	*sich nicht freuen*
almak	*nehmen*	**almamak**	*nicht nehmen*
okumak	*lesen*	**okumamak**	*nicht lesen*

Die Negationsendung ist immer unbetont. Die Betonung liegt bei verneinten Verben stets auf der Silbe vor der Negationsendung.

Durch die Anfügung der Negationsendung an den Verbstamm wird ein neuer Verbstamm gebildet: der verneinte Verbstamm.

sevmek	*lieben*	**sev-**	ist der positive Verbstamm
sevmemek	*nicht lieben*	**sevme-**	ist der verneinte Verbstamm

Die Zusammensetzung des finiten Verbs

Ein finites Verb ist eine Verbform, welche die Funktion des Prädikats in einem Hauptsatz erfüllt. Finite Verben sind im Türkischen bestimmt hinsichtlich der

Person sowie der Zeit (z.B. Präsens, Futur) oder des Modus (z.B. Notwendigkeitsform, Wunschform). Diese Bestimmungen erfolgen beim türkischen Verb durch Endungen, die an den Verbstamm angehängt werden. Ein türkisches finites Verb hat folgende Zusammensetzung:

	Verbstamm	Zeit-/Modusendung	Personalendung
geliyorum *ich komme*	**gel-** *kommen*	**-iyor** *Präsensendung*	**-um** *Endung für „ich"*
gelmediniz *ihr kamt nicht*	**gelme-** *nicht kommen*	**-di** *Vergangenheitsendung*	**-niz** *Endung für „ihr"*
gelmelisin *du sollst kommen*	**gel-** *kommen*	**-meli** *Endung der Notwendigkeitsform*	**-sin** *Endung für „du"*

Die einzige finite Verbform ohne Zeit- oder Modusendung ist der Imperativ.
▶ Kap. 8 Der Imperativ, S. 70

Die Personalendungen

Bei jedem türkischen finiten Verb wird die Person durch eine Personalendung am Ende des Verbs wiedergegeben. Die Nennung des Personalpronomens als Subjekt vor dem finiten Verb ist daher nicht nötig. Das finite Verb kann für sich schon ein vollständiger Satz sein. Personalpronomen als Subjekte fallen oft weg und werden eher zur Betonung oder Hervorhebung gebraucht.

Ben geliyorum	=	**Geliyorum.**	=	*Ich komme.*
Onlar geldiler	=	**Geldiler.**	=	*Sie kamen.*

Es gibt im Türkischen mehrere Typen von Personalendungen.

Die Personalendungen des 1. Typs:

Personalpronomen		Personalendung
ben	*ich*	**-(y)im** (gV)
sen	*du*	**-sin** (gV)
o	*er/sie/es*	**-**
biz	*wir*	**-(y)iz** (gV)
siz	*ihr/Sie*	**-siniz** (gV)
onlar	*sie*	**(-ler)** (kV)

Das **y** in den Personalendungen der 1. Pers. Sing. und Pl. kommt nur vor, wenn die Endungen an einen Vokal antreten.
▶ Kap. 2 Die Bindekonsonanten, S. 14

Die Personalendungen des 1. Typs werden bei Präsens, Aorist, miş-Vergangenheit, Futur, Notwendigkeitsform und für die mit **-miş** zusammengesetzten Zeitformen verwendet.

Die Personalendungen des 2. Typs:

Personalpronomen		Personalendung
ben	*ich*	**-m**
sen	*du*	**-n**
o	*er/sie/es*	**-**
biz	*wir*	**-k**
siz	*ihr/Sie*	**-niz** (gV)
onlar	*sie*	**(-ler)** (kV)

Die Personalendungen des 2. Typs werden bei der di-Vergangenheit verwendet, bei den mit **-di** erweiterten Zeitformen, der Konditional-Wunschform und bei den Konditionalformen.

Die 3. Pers. Sing. hat in beiden Fällen keine Endung. Das Zeichen der 3. Pers. Sing. ist daher gerade das Fehlen einer Personalendung:

	Verbstamm	Zeitendung	Pers. Endung	
(ben) geliyorum	**gel-**	**-iyor**	**-um**	*ich komme*
(sen) geliyorsun	**gel-**	**-iyor**	**-sun**	*du kommst*
(o) geliyor	**gel-**	**-iyor**		*er/sie/es kommt*

Die Personalendung der 3. Pers. Pl., **-ler**, ist in den Tabellen oben in Klammern angegeben, da sie auch fehlen kann, wenn durch Nennung des Subjekts schon klar ist, dass von einer Mehrzahl die Rede ist:

Çocuklar geldiler. **Çocuklar geldi.**	*Die Kinder kamen.*

Die Pluralendung **-ler** richtet das Augenmerk eher auf die Mannigfaltigkeit oder Verschiedenheit der einzelnen Personen oder Dinge, aus denen sich eine Mehrzahl zusammensetzt, als auf die bloße Mehrzahl selbst.
▶ Kap. 3 Die Pluralbildung, S. 19

Der Imperativ, der Optativ und der verneinte Aorist haben eigene Personalendungen, die am entsprechenden Ort vorgestellt werden.

Die Fragepartikel mi

Im Deutschen unterscheiden sich Fragesätze von Aussagesätzen in der Wortstellung. Im Türkischen ist die Wortstellung in beiden Fällen dieselbe. Fragesätze unterscheiden sich im Türkischen nur durch das Fragewort. Bei Entscheidungsfragen, also Fragen, die mit ja oder nein zu beantworten sind, gibt es kein Fragewort wie *wo*, *wann*, *warum* etc. Dafür gibt es aber im Türkischen die Fragepartikel **mi**, deren Funktion darin besteht, zu signalisieren, dass nach ja oder nein gefragt wird.

Die Fragepartikel **mi** wird immer vom vorangehenden Wort getrennt geschrieben, variiert aber wie eine Endung nach der großen Vokalharmonie. Die Fragepartikel **mi** ist immer unbetont. Die Betonung liegt auf der vorangehenden Silbe.

Die Partikel **mi** steht in den meisten Zeiten/Modi nach der Zeit- bzw. Modusendung. Die Personalendungen werden dann an **mi** angehängt. Nur die 3. Pers. Plural bildet eine Ausnahme: **mi** kommt immer nach **-ler**.

Verbstamm	Zeit-/Modusendung	Fragepartikel	Pers. Endung		
gel-	**-iyor**	**mu**	**-yum**	**geliyor muyum?**	*komme ich?*
gel-	**-ecek**	**mi**	**-sin**	**gelecek misin?**	*wirst du kommen?*
gel-	**-ir**	**mi**		**gelir mi?**	*kommt er?*

Ausnahme in der 3. Pers. Pl.: **mi** kommt nach **-ler**:

geliyorlar mı?	*kommen sie?*
gelecekler mi?	*werden sie kommen?*

In einigen Zeit- und Modusformen (di-Vergangenheit, Konditional-Wunschform, Optativ) steht **mi** ganz am Ende des Verbs hinter den Personalpronomen:

geldim mi?	*kam ich?*
gördün mü?	*hast du gesehen?*
sordu mu?	*hat er gefragt?*

▶ Kap. 14 Die Entscheidungsfrage, S. 101

Das Präsens

Die Präsensendung lautet **-iyor** (Anfangsvokal: gV). Es werden die Personalendungen des 1. Typs angefügt.

Personalpronomen/-endung	Positive Aussage	Positive Frage	Negative Aussage	Negative Frage
ben/-(y)im	**biliyorum** *ich weiß*	**biliyor muyum** *weiß ich?*	**bilmiyorum** *ich weiß nicht*	**bilmiyor muyum** *weiß ich nicht?*
sen/-sin	**biliyorsun**	**biliyor musun**	**bilmiyorsun**	**bilmiyor musun**
o/-	**biliyor**	**biliyor mu**	**bilmiyor**	**bilmiyor mu**
biz/-(y)iz	**biliyoruz**	**biliyor muyuz**	**bilmiyoruz**	**bilmiyor muyuz**
siz/-siniz	**biliyorsunuz**	**biliyor musunuz**	**bilmiy-orsunuz**	**bilmiyor musunuz**
onlar/-ler	**biliyorlar**	**biliyorlar mı**	**bilmiyorlar**	**bilmiyorlar mı**

Positive Aussage

Verbstamm + Präsensendung **-iyor** + Personalendung.

Die Präsensendung **-iyor** ist eine der ganz wenigen Endungen, die nicht der Vokalharmonie unterworfen sind. Nur der Anfangsvokal der Endung verändert sich gemäß der großen Vokalharmonie, die zweite Silbe **-yor** bleibt jedoch unverändert.

gelmek	▶	**geliyorum**	*ich komme*
gülmek	▶	**gülüyorsun**	*du lachst*
almak	▶	**alıyor**	*er/sie nimmt*
duymak	▶	**duyuyoruz**	*wir hören*

Wenn die Endung **-iyor** an einen Verbstamm tritt, der auf einen Vokal endet, entfällt dieser Vokal:

tanımak	▶	**tanıyorum**	*ich kenne*
yürümek	▶	**yürüyorsum**	*du marschierst*
işlemek	▶	**işliyor**	*es funktioniert*
anlamak	▶	**anlıyoruz**	*wir verstehen*

Merke besonders:

yemek *essen*	▶	**yiyor** *er/sie isst*
demek *sagen*	▶	**diyor** *er/sie sagt*

Negative Aussage

Da der Anfangsvokal der Präsensendung **-iyor** einen unmittelbar vorangehenden Vokal ersetzt, wird im Präsens das **e** (oder **a**) der Negationsendung **-me** durch das **i** (oder **ü**, **ı**, **u**) der Endung **-iyor** ersetzt. Daher:

Bildung: Verbstamm + Negationsendung **-m** + **-iyor** + Personalendung.

anlamamak	*nicht verstehen*	▶	**anlamıyorum**	*ich verstehe nicht*
bilmemek	*nicht wissen*	▶	**bilmiyorsun**	*du weißt nicht*
dememek	*nicht sagen*	▶	**demiyor**	*er/sie sagt nicht*

Frageformen

Positive Frage: Verbstamm + **-iyor** + **mi** + Personalendung.
Negative Frage: Verbstamm + **-m** + **-iyor** + **mi** + Personalendung.

Bei der Bildung von Entscheidungsfragen kommt nach der Präsensendung die Fragepartikel **mi**, die sich dann vokalharmonisch an die vorangehende Silbe **-yor** zu **mu** angleicht. Daran wird die Personalendung gehängt. In der 3. Pers. Pl. kommt jedoch die Fragepartikel **mi** nach der Pluralendung **-ler**.

anlamak	*verstehen*	▶	**anlıyor musun?**	*verstehst du?*
anlamamak	*nicht verstehen*	▶	**anlamıyor musun?**	*verstehst du nicht?*
gülmek	*lachen*	▶	**gülüyorlar mı?**	*lachen sie?*

gülmemek	*nicht lachen*	▶ **gülmüyorlar mı?**	*lachen sie nicht?*
işlemek	*funktionieren*	▶ **işliyor mu?**	*funktioniert es?*
işlememek	*nicht funktionieren*	▶ **işlemiyor mu?**	*funktioniert es nicht?*

Der Gebrauch des Präsens

Das Präsens wird gebraucht:

- für aktuelle Ereignisse:

Çocuklar bahçede oynuyorlar.	*Die Kinder spielen im Garten.*
Berlin'de oturuyorum.	*Ich wohne in Berlin.*
Kendimi iyi hissetmiyorum.	*Ich fühle mich nicht gut.*
Niye ağlıyorsun?	*Warum weinst du?*
Adem bugün işe gitmiyor.	*Heute geht Adem nicht zur Arbeit.*
Bu adamı tanıyor musunuz?	*Kennen Sie diesen Mann?*

- für Ereignisse, die sich über einen längeren Zeitraum erstrecken, auch wenn sie zum gegenwärtigen Zeitpunkt gerade nicht stattfinden:

Havva her akşam televizyon seyrediyor.	*Havva schaut jeden Abend Fernsehen.*
Adem günde iki defa yüzüyor.	*Adem schwimmt zweimal am Tag.*

- in Verbindung mit adverbialen Zeitangaben auch für zukünftige Ereignisse:

Adem yarın geliyor.	*Adem kommt morgen.*

Der Aorist

Das Türkische kennt außer dem normalen Präsens auf **-iyor** noch eine weitere Gegenwartsform: den Aorist. Während das türkische Präsens das Augenmerk vor allem auf den tatsächlichen Verlauf eines Ereignisses richtet, bezieht sich der Aorist eher auf die Vorstellung eines Geschehens oder auf eine Gewohnheit.

Präsens:	**Çay içiyorum.**	*Ich trinke Tee (jetzt gerade).*
Aorist:	**Çay içerim.**	*Ich trinke Tee (gewöhnlich).*

Die Aoristendung lautet **-(i)r** (gV)/**-er** (kV). Es werden die Personalendungen des 1. Typs angefügt.

Personalpronomen/-endung	Positive Aussage	Positive Frage	Negative Aussage	Negative Frage
ben/-(y)im	**severim** *ich mag*	**sever miyim** *mag ich?*	**sevmem** *ich mag nicht*	**sevmez miyim** *mag ich nicht?*
sen/-sin	**seversin**	**sever misin**	**sevmezsin**	**sevmez misin**
o/-	**sever**	**sever mi**	**sevmez**	**sevmez mi**
biz/-(y)iz	**severiz**	**sever miyiz**	**sevmeyiz**	**sevmez miyiz**
siz/-siniz	**seversiniz**	**sever misiniz**	**sevmezsiniz**	**sevmez misiniz**
onlar/-ler	**severler**	**severler mi**	**sevmezler**	**sevmezler mi**

Positive Aussage

Verbstamm + Aoristendung **-(i)r/-er** + Personalendung.

- Wenn der Verbstamm auf einen Vokal endet, tritt nur **-r** an:

dinlemek	▶	**dinler**	*er/sie hört*
oynamak	▶	**oynar**	*er/sie spielt*
uyumak	▶	**uyur**	*er/sie schläft*
demek	▶	**der**	*er/sie sagt*

- Bei mehrsilbigen Verbstämmen, die auf einen Konsonanten enden, tritt immer die Endung **-ir** an:

çalışmak	▶	**çalışır**	*er/sie arbeitet*
düşünmek	▶	**düşünür**	*er/sie denkt*

- Bei fast allen einsilbigen Verbstämmen, die auf einen Konsonanten enden, tritt die Endung **-er** an:

içmek	▶	**içer**	*er/sie trinkt*
gülmek	▶	**güler**	*er/sie lacht*
açmak	▶	**açar**	*er/sie öffnet*
sormak	▶	**sorar**	*er/sie fragt*

Einige wenige, aber dafür sehr häufig gebrauchte Verben mit einsilbigen Verbstämmen, die auf einen Konsonanten auslauten, bilden jedoch den Aorist mit der Endung **-ir**. Diese sind:

almak	*nehmen*	▶	**alır**
bilmek	*wissen*	▶	**bilir**
bulmak	*finden*	▶	**bulur**
durmak	*stehen*	▶	**durur**
gelmek	*kommen*	▶	**gelir**
görmek	*sehen*	▶	**görür**
kalmak	*bleiben*	▶	**kalır**
olmak	*werden*	▶	**olur**
ölmek	*sterben*	▶	**ölür**
sanmak	*glauben*	▶	**sanır**
varmak	*ankommen*	▶	**varır**
vermek	*geben*	▶	**verir**
vurmak	*schlagen*	▶	**vurur**

Negative Aussage

In seiner verneinten Form lautet die Endung des Aorists nicht **-r**, sondern **-z**.

Bildung: Verbstamm + Negationsendung **-me** + **-z** + Personalendung.

Auch in der Konjugation hat der verneinte Aorist eine Besonderheit: In der 1. Pers. Sing. und Pl. wird das **-z** des verneinten Aorists von der Personalendung quasi verschlungen: **bilmem** (*ich weiß nicht*), **bilmeyiz** (*wir wissen nicht*).

(ben)	**bilmem**	**yapmam**
(sen	**bilmezsin**	**yapmazsın**
(o)	**bilmez**	**yapmaz**
(biz)	**bilmeyiz**	**yapmayız**
(siz)	**bilmezsiniz**	**yapmazsınız**
(onlar)	**bilmezler**	**yapmazlar**

Frageformen

Positive Frage: Verbstamm + **-(i)r/-er** + **mi** + Personalendung.
Negative Frage: Verbstamm + Negationsendung **-me** + **-z** + **mi** + Personalendung.

Gelir misin? — *Kommst du?*
Gelmez misin? — *Kommst du nicht?*

Çay içer misiniz? — *Möchten Sie Tee trinken?*
Çay içmez misiniz? — *Trinken Sie keinen Tee?*
Bakar mısınız? — *Schauen Sie (bitte)!*

Der Gebrauch des Aorists

- Der Aorist wird zur Wiedergabe einer Gewohnheit oder regelmäßiger Vorgänge gebraucht:

  Adem sigara içmez. — *Adem raucht keine Zigaretten. (Er ist Nichtraucher.)*
  Her sabah 6'da kalkar. — *Er/Sie steht jeden Tag um sechs auf.*
  Burada Türkçe konuşulur. — *Hier wird türkisch gesprochen.*

- Man verwendet den Aorist auch zur Wiedergabe von Fähigkeiten:

  Havva yüzmez. — *Havva kann nicht schwimmen.*
  Adem iyi satranç oynar. — *Adem spielt gut Schach.*

- In Fragesätzen wird der Aorist für höfliche Bitten und Aufforderungen verwendet:

  Ne içersiniz? — *Was möchten Sie trinken?*
  Lütfen, bana yardım eder misiniz? — *Würden Sie mir bitte helfen?*
  Lütfen, kapıyı açar mısınız? — *Könnten Sie bitte die Tür öffnen?*

- Formeln des Dankens und der Entschuldigung stehen auch im Aorist:

  Teşekkür ederim. — *Danke schön.*
  Affedersiniz. — *Entschuldigen Sie.*

Das Futur

Die Futurendung lautet **-(y)ecek** (kV). Es werden die Personalendungen des 1. Typs angefügt.

Personal-pronomen/ -endung	Positive Aussage	Positive Frage	Negative Aussage	Negative Frage
ben/ -(y)im	**geleceğim** *ich werde kommen*	**gelecek miyim** *werde ich kommen?*	**gelmeyeceğim** *ich werde nicht kommen*	**gelmeyecek miyim** *werde ich nicht kommen?*
sen/-sin	**geleceksin**	**gelecek misin**	**gelmeyeceksin**	**gelmeyecek misin**
o/-	**gelecek**	**gelecek mi**	**gelmeyecek**	**gelmeyecek mi**
biz/-(y)iz	**geleceğiz**	**gelecek miyiz**	**gelmeyeceğiz**	**gelmeyecek miyiz**
siz/-siniz	**geleceksi-niz**	**gelecek misiniz**	**gelmeyeceksi-niz**	**gelmeyecek misiniz**
onlar/-ler	**gelecekler**	**gelecekler mi**	**gelmeyecekler**	**gelmeyecekler mi**

Positive Aussage

Bildung: Verbstamm + Futurendung **-(y)ecek** + Personalendung.

Bei Verbstämmen, die auf einen Vokal enden, tritt der Bindekonsonant **y** auf.

vermek ▶ **vereceksin** *du wirst geben*
gülmek ▶ **güleceksiniz** *ihr werdet lachen*
almak ▶ **alacak** *er/sie wird nehmen*
uçmak ▶ **uçacaklar** *sie werden fliegen*

beklemek ▶ **bekleyecekler** *sie werden warten*
oynamak ▶ **oynayacak** *er/sie wird spielen*

Das auslautende **k** von **-(y)ecek** wird zu **ğ**, wenn eine vokalisch anlautende Endung antritt, also bei der 1. Pers. Sing. und Pl.
▶ Kap. 2 Konsonantenwandel im Auslaut, S. 16

bekleyeceğim *ich werde warten* **bekleyeceğiz** *wir werden warten*
kalacağım *ich werde bleiben* **kalacağız** *wir werden bleiben*

Negative Aussage

Die Bildung erfolgt vollkommen regelmäßig:
Verbstamm + Negationsendung **-me** + Futurendung **-yecek** + Personalendung.

beklemek ▶ **beklemeyeceğim** *ich werde nicht warten*
aramak ▶ **aramayacaklar** *sie werden nicht suchen*

Frageformen

Positive Frage: Verbstamm + **-(y)ecek** + **mi** + Personalendung.
Negative Frage: Verbstamm + **-me** + **-yecek** + **mi** + Personalendung.

Yağmur yağacak mı? *Wird es regnen?*
Yağmur yağmayacak mı? *Wird es nicht regnen?*
Çay içecek misiniz? *Werden Sie Tee trinken?*
Çay içmeyecek misiniz? *Werden Sie keinen Tee trinken?*

Der Gebrauch des Futurs

- Wie das deutsche Futur wird auch das türkische Futur für zukünftige Ereignisse verwendet:

  Yarın geleceğim. *Ich werde morgen kommen.*
  Bu ay tatil yapacaklar. *Sie werden diesen Monat Urlaub machen.*

- Das Futur kann auch zum Ausdruck einer Vermutung benutzt werden:

  Yarın hava güneşli olacak. *Morgen wird es (wahrscheinlich) sonnig.*

- Schließlich kann das Futur auch die Bedeutung von *wollen* oder *sollen* haben:

  Ona bir mektup yazacak mıyım? *Soll ich ihm einen Brief schreiben?*
  Benimle tavla oynamayacak mısın? *Willst du nicht mit mir Backgammon spielen?*

Die di-Vergangenheit

Die Endung der di-Vergangenheit lautet **-di** (gV). Es werden die Personalendungen des 2. Typs angefügt.

Personalpronomen/ -endungen	Positive Aussage	Positive Frage	Negative Aussage	Negative Frage
ben/-m	**dedim** *ich sagte*	**dedim mi** *sagte ich?*	**demedim** *ich sagte nicht*	**demedim mi** *sagte ich nicht?*
sen/-n	**dedin**	**dedin mi**	**demedin**	**demedin mi**
o/-	**dedi**	**dedi mi**	**demedi**	**demedi mi**
biz/-k	**dedik**	**dedik mi**	**demedik**	**demedik mi**
siz/-niz	**dediniz**	**dediniz mi**	**demediniz**	**demediniz mi**
onlar/-ler	**dediler**	**dediler mi**	**demediler**	**demediler mi**

Positive Aussage

Verbstamm + **-di** + Personalendung.

gelmek ▶ **geldim** *ich kam*
görmek ▶ **gördün** *du sahst*
almak ▶ **aldı** *er/sie nahm*
okumak ▶ **okudular** *sie lasen*

Nach stimmlosen Konsonanten wird das anlautende **d** der Vergangenheitsendung zu **t**:

gitmek	▶	**gittim**	*ich ging*
bakmak	▶	**baktık**	*wir schauten*
öpmek	▶	**öptü**	*er/sie küsste*
uçmak	▶	**uçtunuz**	*ihr flogt*

Negative Aussage

Bildung: Verbstamm + **-me** + **-di** + Personalendung.

Sinemaya gitmedik. *Wir sind nicht ins Kino gegangen.*
Adem dün çalışmadı. *Adem arbeitete gestern nicht.*

Frageformen

Positive Frage: Verbstamm + **-di** + Personalendung + **mi.**
Negative Frage: Verbstamm + **-me** + **-di** + Personalendung + **mi.**

Die Fragepartikel **mi** steht bei der di-Vergangenheit ganz am Ende des Verbs, hinter den Personalendungen.

Dün sinemaya gittin mi? *Bist du gestern ins Kino gegangen?*
Havva'yı görmediniz mi? *Haben Sie Havva nicht gesehen?*
Adem de geldi mi? *Ist Adem auch gekommen?*

Der Gebrauch der di-Vergangenheit

Die di-Vergangenheit wird für abgeschlossene Ereignisse in der Vergangenheit verwendet. Ins Deutsche wird die di-Vergangenheit je nach Kontext mit dem Perfekt (*ist gekommen*) oder Präteritum (*kam*) übersetzt.

Unterhaltung:

Adem: Nerede tatil yaptın? *Wo hast du Urlaub gemacht?*
Havva: Antalya'da. *In Antalya.*
Adem: Tatilde ne yaptın? *Was hast du im Urlaub gemacht?*
Havva: Çok gezdim ve fotoğraf çektim. *Ich bin viel gewandert und habe viel fotografiert.*

Bericht:

Havva Antalya'da tatil yaptı. *Havva hat in Antalya Urlaub gemacht.*
Tatilde çok gezdi ve fotoğraf çekti. *Im Urlaub ist sie viel gewandert und hat viel fotografiert.*

Die miş-Vergangenheit

Die Endung der miş-Vergangenheit lautet **-miş** (gV). Es werden die Personalendungen des 1. Typs angefügt.

Personalpronomen/ -endungen	Positive Aussage	Positive Frage	Negative Aussage	Negative Frage
ben/-(y)im	**gitmişim** *ich soll gegangen sein*	**gitmiş miyim** *soll ich gegangen sein?*	**gitmemişim** *ich soll nicht gegangen sein*	**gitmemiş miyim** *soll ich nicht gegangen sein?*
sen/-sin	**gitmişsin**	**gitmiş misin**	**gitmemişsin**	**gitmemiş misin**
o/-	**gitmiş**	**gitmiş mi**	**gitmemiş**	**gitmemiş mi**
biz/-(y)iz	**gitmişiz**	**gitmiş miyiz**	**gitmemişiz**	**gitmemiş miyiz**
siz/-siniz	**gitmişsiniz**	**gitmiş misiniz**	**gitmemişsiniz**	**gitmemiş misiniz**
onlar/-ler	**gitmişler**	**gitmişler mi**	**gitmemişler**	**gitmemişler mi**

Positive Aussage

Bildung: Verbstamm + **-miş** + Personalendung.

vermek	▶	**vermiş**	*er/sie soll gegeben haben*
almak	▶	**almışlar**	*sie sollen genommen haben*
gülmek	▶	**gülmüşsün**	*du sollst gelacht haben*
uçmak	▶	**uçmuş**	*er/sie soll geflogen sein*

Patrick dedi: Adem ile Havva sinemaya gitmişler. *Patrick hat gesagt: Adem und Havva sollen ins Kino gegangen sein.*
Adem dedi: Havva yeni bir araba almış. *Adem hat gesagt: Havva soll einen neuen Wagen gekauft haben.*

Negative Aussage

Bildung: Verbstamm + **-me** + **-miş** + Personalendung.

vermemiş *er soll nicht gegeben haben*
almamışlar *sie sollen nicht genommen haben*
gülmemişler *sie sollen nicht gelacht haben*
uçmamış *sie soll nicht geflogen sein*

Frageformen

Positive Frage: Verbstamm + **-miş** + **mi** + Personalendung.
Negative Frage: Verbstamm + Negationsendung **-me** + **-miş** + **mi** + Personalendung.

yapmış mıyım? *soll ich gemacht haben?*
yapmamış mıyım? *soll ich nicht gemacht haben?*
gitmişler mi? *sollen sie gegangen sein?*
gitmemişler mi? *sollen sie nicht gegangen sein?*

Der Gebrauch der miş-Vergangenheit

- Die miş-Vergangenheit wird für vergangene Ereignisse gebraucht, für deren Wahrheitsgehalt die sprechende Person nicht geradestehen kann oder will, da sie darüber nur vom Hörensagen weiß.

Antalya'da kar yağmış.	*In Antalya soll es geschneit haben.*
Adem yeni bir araba almış.	*Adem soll ein neues Auto gekauft haben.*

- Die miş-Vergangenheit wird auch für Ereignisse verwendet, die man selbst nicht erlebt hat, deren Ergebnis man aber vor Augen hat, sodass das Ereignis im Nachhinein erschlossen wird.

Kar yağmış.	*Es hat geschneit. (Der Sprecher hat nicht gesehen, wie es geschneit hat; er sieht nur den Schnee liegen.)*
Bunu unutmuşum.	*Das muss ich vergessen haben. (Der Sprecher hat das Vergessen selbst ja nicht erlebt, sondern sieht die Folge, dass er etwas vergessen haben muss.)*
Vazo yere düşmüş.	*Die Vase ist runtergefallen. (Der Sprecher hat nicht gesehen, wie die Vase runtergefallen ist, sondern er sieht nur die Scherben.)*

- Die miş-Vergangenheit ist die typische Erzählform in Märchen, Fabeln, Anektoden und Witzen:

Bir varmış, bir yokmuş.	*Es war einmal. (Einleitungsformel von Märchen)*

Die Konditional-Wunschform

Die Endung der Konditional-Wunschform lautet **-se** (kV). Es werden die Personalendungen des 2. Typs angefügt.

Personal-pronomen/ -endungen	Positive Aussage	Positive Frage	Negative Aussage	Negative Frage
ben/-m	**gelsem** *wenn ich kommen würde*	**gelsem mi** *sollte ich kommen?*	**gelmesem** *wenn ich nicht kommen würde*	**gelmesem mi** *sollte ich nicht kommen?*
sen/-n	**gelsen**	**gelsen mi**	**gelmesen**	**gelmesen mi**
o/-	**gelse**	**gelse mi**	**gelmese**	**gelmese mi**
biz/-k	**gelsek**	**gelsek mi**	**gelmesek**	**gelmesek mi**
siz/-niz	**gelseniz**	**gelseniz mi**	**gelmeseniz**	**gelmeseniz mi**
onlar/-ler	**gelseler**	**gelseler mi**	**gelmeseler**	**gelmeseler mi**

Positive Aussage

Bildung: Verbstamm + **-se** + Personalendung.

gelmek	▶	**gelsem**	*wenn ich kommen würde*
görmek	▶	**görsen**	*wenn du sehen würdest*
kalmak	▶	**kalsa**	*wenn er/sie bleiben würde*
uçmak	▶	**uçsak**	*wenn wir fliegen würden*

Negative Aussage

Bildung: Verbstamm + Negationsendung **-me** + **-se** + Personalendung.

istemesem	*wenn ich nicht wollen würde*
gitmesek	*wenn wir nicht gehen würden*

Frageformen

Positive Frage: Verbstamm + **-se** + Personalendung + **mi**.
Negative Frage: Verbstamm + **-me** + **-se** + Personalendung + **mi**.

Die Fragepartikel **mi** steht in der Konditional-Wunschform ganz am Ende des Verbs hinter der Personalendung.

Gitsem mi?	*Sollte ich gehen?*
Gitmesem mi?	*Sollte ich nicht gehen?*
Alsam mı?	*Sollte ich kaufen?*
Almasam mı?	*Sollte ich nicht kaufen?*

Der Gebrauch der Konditional-Wunschform

- Die Konditional-Wunschform wird oft zum Ausdruck von Wünschen und Aufforderungen verwendet.

Biraz dinlenseniz!	*Sie sollten sich eine Weile ausruhen!*
Biraz uyusanız!	*Sie sollten eine Weile schlafen!*
Bir şeyler yeseniz!	*Sie sollten etwas essen!*
Bu akşam lokantaya gitsek!	*Wir sollten heute Abend ins Restaurant gehen!*

- Bei Wünschen, die nicht in Erfüllung gehen können, wird der Satz oft mit **keşke** (*wenn doch*) oder **bari** (*wenigstens*) verstärkt.

Keşke Adem bugün gelse!	*Wenn Adem doch heute kommen würde!*
Bari bugün hava güneşli olsa!	*Wenn es wenigstens heute sonnig wäre!*

- Schließlich wird die Konditional-Wunschform auch für Bedingungssätze verwendet. Wenn das Prädikat des Nachsatzes im Aorist steht, liegt die Bedingung noch im Bereich des Möglichen, wenn auch mit ihrer Erfüllung vielleicht eher nicht gerechnet wird:

Adem gelse, plaja gideriz.	*Wenn Adem kommen sollte, gehen wir zum Strand.*

- Wenn das Prädikat im Nachsatz im Aorist in der Vergangenheit steht, wird die Bedingung als unerfüllbar betrachtet:

Adem gelse, plaja giderdik. *Wenn Adem kommen würde, würden wir zum Strand gehen.*

Der Optativ

Die Endung für den Optativ lautet **-(y)e** (kV), es treten die Personalendungen des 1. Typs an; die 1. Pers. Pl. hat aber im Optativ eine eigene Form.

Personal-pronomen/ -endungen	Positive Aussage	Positive Frage	Negative Aussage	Negative Frage
ben/-yim	**gideyim** *ich mag gehen*	**gideyim mi** *soll ich gehen?*	**gitmeyeyim** *ich mag nicht gehen*	**gitmeyeyim mi** *soll ich nicht gehen?*
sen/-sin	**gidesin**	**gidesin mi**	**gitmeyesin**	**gitmeyesin mi**
o/-	**gide**	**gide mi**	**gitmeye**	**gitmeye mi**
	gitsin	**gitsin mi**	**gitmesin**	**gitmesin mi**
biz/-lim	**gidelim**	**gidelim mi**	**gitmeyelim**	**gitmeyelim mi**
siz/-siniz	**gidesiniz**	**gidesiniz mi**	**gitmeyesiniz**	**gitmeyesiniz mi**
onlar/-ler	**gideler**	**gideler mi**	**gitmeyeler**	**gitmeyeler mi**
	gitsinler	**gitsinler mi**	**gitmesinler**	**gitmesinler mi**

Positive Aussage

Bildung: Verbstamm + **-(y)e** + Personalendung.

Die Personalendungen des Optativs weisen zwei Besonderheiten auf: Die Personalendung für die 1. Pers. Pl. lautet für den Optativ nicht **-(y)iz**, sondern **-lım**: **gidelim** (*lasst uns gehen*), **yapalım** (*lasst uns machen*).

Außerdem gibt es für die 3. Pers. Sing. und Pl. noch Alternativformen mit den Endungen **-sin** (gV) und **-sinler** (gV, kV), die ohne die Optativendung **-(y)e** direkt an den Verbstamm treten: **gitsin** (*er soll gehen*), **gitsinler** (*sie sollen gehen*).

Negative Aussage

Bildung: Verbstamm + **-me** + **-(y)e** + Personalendung.

gitmeye/gitmesin *er soll nicht gehen*
gelmeyeler/gelmesinler *sie sollen nicht kommen*

Frageformen

Positive Frage: Verbstamm + **-(y)e** + Personalendung + **mi**
Negative Frage: Verbstamm + **-me** + **-(y)e** + Personalendung + **mi**

Die Fragepartikel **mi** steht im Optativ ganz am Ende des Verbs hinter den Personalendungen.

gideyim mi?	*soll ich gehen?*
gitmeyeyim mi?	*soll ich nicht gehen?*
uyuyayım mı?	*soll ich schlafen?*
uyumayayım mı?	*soll ich nicht schlafen?*

Der Gebrauch des Optativs

- In der 1. Pers. Sing. wird der Optativ verwendet, wenn die sprechende Person sagt, was sie gerade spontan tun möchte. In der Frageform fragt sie, ob es gut ist, etwas Bestimmtes zu tun.

Eve gideyim.	*Ich geh mal nach Hause.*
Bir şey yiyeyim.	*Ich ess mal was.*
Ona telefon edeyim mi?	*Soll ich ihn anrufen?*

- In den 1. Pers. Pl. richtet die sprechende Person an andere eine spontane Aufforderung, gemeinsam etwas zu tun. In der Frageform fragt sie sie danach, was sie davon halten, etwas Bestimmtes gemeinsam zu tun.

Bu akşam tiyatroya gidelim.	*Lasst uns heute Abend ins Theater gehen!*
Kahve içelim.	*Trinken wir Kaffee!*
Plaja gidelim mi?	*Wollen wir zum Strand gehen?*
Tavla oynayalım mı?	*Wollen wir Backgammon spielen?*

Die 2. Pers. Sing. und Pl. ist heute kaum noch gebräuchlich und wird durch den Imperativ oder die Notwendigkeitsform ersetzt.
Für die 3. Pers. ist die Form auf **-sin(ler)** am gebräuchlichsten. Mit dieser Form wird der Wunsch oder auch der Befehl ausgedrückt, dass eine dritte Person etwas tun soll.

Adem yarın otele gelsin.	*Adem soll morgen ins Hotel kommen.*
Havva yarın bankaya gitsin.	*Havva soll morgen auf die Bank gehen.*
Bugün gelsinler.	*Sie sollen heute kommen.*
Adem de gelsin mi?	*Soll Adem auch kommen?*

Die Notwendigkeitsform

Die Endung der Notwendigkeitsform lautet **-meli** (kV, gV). Es treten die Personalendungen des 1. Typs an.

Personalpronomen/ -endungen	Positive Aussage	Positive Frage	Negative Aussage	Negative Frage
ben/-yim	**gitmeliyim** *ich muss/ soll gehen*	**gitmeli miyim** *muss/soll ich gehen?*	**gitmemeliyim** *ich darf nicht gehen*	**gitmemeli miyim** *darf ich nicht gehen?*
sen/-sin	**gitmelisin**	**gitmeli misin**	**gitmemelisin**	**gitmemeli misin**
o/-	**gitmeli**	**gitmeli mi**	**gitmemeli**	**gitmemeli mi**
biz/-yiz	**gitmeliyiz**	**gitmeli miyiz**	**gitmemeliyiz**	**gitmemeli miyiz**
siz/-siniz	**gitmelisiniz**	**gitmeli misiniz**	**gitmemelisiniz**	**gitmemeli misiniz**
onlar/-ler	**gitmeliler**	**gitmeliler mi**	**gitmemeliler**	**gitmemeliler mi**

Positive Aussage

Bildung: Verbstamm + **-meli** + Personalendung.

gelmek ▶ **gelmelisiniz** *Sie müssen/sollen kommen*
kalmak ▶ **kalmalıyız** *wir müssen/sollen bleiben*

Negative Aussage

Bildung: Verbstamm + **-me** + **-meli** + Personalendung.

gelmemeliyim *ich darf/soll nicht kommen*
uyumamalısın *du darfst/sollst nicht schlafen*
gelmemelisiniz *Sie dürfen/sollen nicht kommen*
uyumamalıyız *wir dürfen/sollen nicht schlafen*

Frageformen

Positive Frage: Verbstamm + **-meli** + **mi** + Personalendung.
Negative Frage: Verbstamm + **-me** + **-meli** + **mi** + Personalendung.

gülmeli miyim? *soll ich lachen?*
gülmemeli misin? *darfst du nicht lachen?*
uyumalı mıyım? *soll ich schlafen?*
uyumamalı mısın? *darfst du nicht schlafen?*

Der Gebrauch der Notwendigkeitsform

- Die Notwendigkeitsform drückt ein Müssen oder Sollen aus.

Sen bana yardım etmelisin.	*Du musst mir helfen.*
Havva yarın bankaya gitmeli.	*Havva muss morgen auf die Bank.*
Bu akşam tiyatroya gitmeliyim.	*Ich muss heute Abend ins Theater.*
Doktora gitmeliyim.	*Ich muss zum Arzt gehen.*

- In der verneinten Form wird die Notwendigkeitsform ins Deutsche mit *nicht dürfen* oder *nicht sollen* übersetzt.

Astımı olanlar sigara içmemeli.	*Asthmakranke dürfen nicht rauchen.*
Bunu unutmamalısınız.	*Das dürfen Sie/dürft ihr nicht vergessen.*
Öldürmemelisin!	*Du sollst nicht töten!*

- In der 3. Pers. Sing. kann das Subjekt, wenn es ungenannt ist, ein unpersönliches *man* sein:

Bir şey yapmalı.	*Man muss etwas tun.*

Mit -di erweiterte Verbformen

Alle oben vorgestellten Zeit- und Modusendungen können durch die Endung **-di** (gV) erweitert werden. Auf diese Weise wird die Zeitform oder der Modus in die Vergangenheit versetzt.

An die mit **-di** erweiterten Endungen treten die Personalendungen des 2. Typs.

Die wichtigsten mit **-di** erweiterten Verbformen:

Grundform	Endung der Grundform				Endung der erweiterten Form
Präsens	**-iyor**	+	**-di**	▶	**-iyordu**
Aorist	**-(i)r/-er**	+	**-di**	▶	**-(i)rdi/-erdi**
di-Vergangenheit	**-di**	+	**-di**	▶	**-diydi**
miş-Vergangenheit	**-miş**	+	**-di**	▶	**-mişti**
Futur	**-(y)ecek**	+	**-di**	▶	**-(y)ecekti**

Das Präsens in der Vergangenheit: -iyordu

- Das Präsens in der Vergangenheit wird für Ereignisse verwendet, die in der Vergangenheit angefangen haben, und bei denen die sprechende Person offen lässt, ob sie beendet sind oder noch andauern:

Adem tiyatroya gidiyordu.	*Adem ging (gerade eben) zum Theater.*

- Oft wird diese Verbform verwendet, um ein Ereignis wiederzugeben, das gerade ablief, als das geschah, was die sprechende Person eigentlich erzählen will.

Televizyon seyrediyorduk, birden telefon çaldı.	*Wir sahen (gerade) Fernsehen, plötzlich klingelte das Telefon.*

Der Aorist in der Vergangenheit: -(i)rdi/-erdi

Der Aorist in der Vergangenheit wird für regelmäßige Ereignisse oder gewohnheitsmäßige Handlungen in der Vergangenheit verwendet. Vergleiche den Gegensatz zwischen dem einfachen Aorist und dem Aorist in der Vergangenheit:

Adem tiyatroya gider.	*Adem geht gewöhnlich ins Theater.*
Adem eskiden tiyatroya giderdi.	*Adem ging früher gewönlich ins Theater.*

Das Plusquamperfekt auf -mişti

Die Verbform auf **-mişti** wird für Ereignisse verwendet, die vor dem Ereignis stattgefunden haben, von dem eigentlich erzählt wird. Die Form entspricht dem deutschen Plusquamperfekt.

Adem tiyatroya gitmişti.	*Adem war ins Theater gegangen.*

Das Plusquamperfekt auf -diydi

Die Verbform auf **-diydi** ist ein weiteres, selten gebrauchtes Plusquamperfekt im Türkischen. Er wird benutzt, um ein vergangenes Ereignis der angesprochenen Person in Erinnerung zu rufen.

Adem tiyatroya gittiydi.	*Adem war doch gestern ins Theater gegangen.*

Das Futur in der Vergangenheit: -ecekti

Die Verbform auf **-ecekti** wird vor allem für Absichten oder Vorhaben verwendet, die zu einem vergangenen Zeitpunkt bestanden, aber dann doch nicht ausgeführt wurden, oder für Ereignisse, die zu erwarten waren, dann aber doch nicht stattgefunden haben.

Adem tiyatroya gidecekti, ama misafir geldi.	*Adem wollte ins Theater gehen, aber es kam Besuch.*

Mit -miş erweiterte Verbformen

Viele Zeit- und Modusendungen können durch die Endung **-miş** (gV) erweitert werden. Die mit **-miş** erweiterten Verbformen werden benutzt, wenn die sprechende Person etwas wiedergibt, was sie selbst nicht erlebt hat, sondern nur vom Hörensagen weiß. Die sprechende Person garantiert dann also nicht für die Wahrheit oder Richtigkeit des Gesagten.

An die mit **-miş** erweiterten Zeit- und Modusendungen treten die Personalendungen des 1. Typs.

Die wichtigsten mit **-miş** erweiterten Verbformen:

Grundform	Endung der Grundform				Endung der erweiterten Form
Präsens	**-iyor**	+	**-miş**	▶	**-iyormuş**
Aorist	**-(i)r/-er**	+	**-miş**	▶	**-(i)rmiş/-ermiş**
miş-Vergangenheit	**-miş**	+	**-miş**	▶	**-mişmiş**
Futur	**-ecek**	+	**-miş**	▶	**-ecekmiş**

Jemand erzählt Patrick, dass er Adem am Theater gesehen hat. Patrick erzählt:

Adem tiyatroya gidiyormuş. *Adem soll (vor einigen Stunden) zum Theater gegangen sein.*

Patrick hat von jemandem gehört, dass Adem früher immer ins Theater ging. Patrick erzählt:

Adem eskiden tiyatroya gidermiş. *Adem soll früher immer ins Theater gegangen sein.*

Jemand gibt seine Erinnerung an Patrick weiter. Patrick erzählt:

Adem tiyatroya gitmişmiş. *Man erzählt, dass Adem ins Theater gegangen sein soll.*

Patrick hört, dass Adem am nächsten Tag ins Theater gehen würde. Patrick erzählt:

Adem tiyatroya gidecekmiş. *Adem wird angeblich ins Theater gehen.*

Die Konditionalformen

Durch Erweiterung der Zeitendungen mit der Endung **-se** (kV) werden die Konditionalformen gebildet.

Grundform	Endung der Grundform				Endung der Konditionalformen
Präsens	**-iyor**	+	**-se**	▶	**-iyorsa**
Aorist	**-(i)r/-er**	+	**-se**	▶	**-(i)rse/-erse**
di-Vergangenheit	**-di**	+	**-se**	▶	**-diyse**
miş-Vergangenheit	**-miş**	+	**-se**	▶	**-mişse**
Futur	**-ecek**	+	**-se**	▶	**-ecekse**

An die Konditionalformen treten die Personalendungen des 2. Typs.

Konditional-Wunschfom, Optativ und Notwendigkeitsform bilden keine Konditionalformen.

Die Konditionalformen werden vor allem für reale Bedingungssätze verwendet: Die Endung **-se** bringt zum Ausdruck, dass der angesprochene Sachverhalt eine Bedingung ist. Das Türkische kommt daher ganz ohne eine Konjunktion aus.

Yolu bilmiyorsanız, birine sorunuz.	*Wenn Sie den Weg nicht kennen, fragen Sie jemanden.*
Türkçe öğrenmek istiyorsanız, bir kursa gidiniz.	*Wenn Sie Türkisch lernen wollen, besuchen Sie einen Kurs.*

Die Konjunktion **eğer** (*wenn, falls*) wird nur zur Betonung verwendet.

Eğer beni görmek istiyorsan, buraya gelmelisin.	*Falls du mich sehen willst, musst du hierher kommen.*
Eğer yağmur yağacaksa, yarın evde kalırız.	*Falls es regnen wird, bleiben wir morgen zu Hause.*

Für reale Bedingungssätze wird am häufigsten die Konditionalform des Aorists verwendet.

Antalya'ya gelirsen, Side'ye gideriz.	*Falls du nach Antalya kommst, fahren wir nach Side.*
Balık yemek istersen, balık lokantasına gideriz.	*Wenn du Fisch essen willst, gehen wir ins Fischrestaurant.*
Bu filmi görmek istersen, hemen bilet almalısın.	*Wenn du dir diesen Film anschauen willst, musst du sofort eine Eintrittskarte kaufen.*
Alışveriş yapmak istemezsen, sinemaya gideriz.	*Wenn du nicht einkaufen willst, gehen wir ins Kino.*

Der Imperativ

Der Imperativ in der Du-Anrede ist der bloße Verbstamm.

In der 2. Pers. Pl. tritt die Endung **-(y)in** (gV) oder **-(y)iniz** (gV) direkt an den Verbstamm. (Der Bindevokal **y** tritt nur bei vokalisch auslautenden Verbstämmen auf.) Beide Formen werden sowohl für die gewöhnliche Anrede an mehrere Personen (*ihr*) als auch für die höfliche Anrede (*Sie*) verwendet. Die Langform **-(y)iniz** ist etwas formeller.

gel!	*komm!*
gelin! **geliniz!**	*kommt!/kommen Sie!*
dön!	*kehr um!*
dönün! **dönünüz!**	*kehrt um!/kehren Sie um!*
oku!	*lies!*
okuyun! **okuyunuz!**	*lest!/lesen Sie!*

Der verneinte Imperativ ist in der Du-Anrede der bloße verneinte Verbstamm, also der eigentliche Verbstamm + die Negationsendung **-me**.

Im Plural bzw. in der Höflichkeitsform werden daran die Endungen mit dem Bindevokal **y** angehängt:

gelme!	*komm nicht!*
gelmeyin! **gelmeyiniz!**	*kommt nicht!/kommen Sie nicht!*

dönme!	*kehr nicht um!*
dönmeyin! **dönmeyiniz!**	*kehrt nicht um!/* *kehren Sie nicht um!*

okuma!	*lies nicht!*
okumayın! **okumayınız!**	*lest nicht!/lesen Sie nicht!*

Die Wiedergabe von „sein“: das Verb *i-mek*

Das türkische Verb für *sein* weist einige Besonderheiten gegenüber den anderen Verben auf. Der Verbstamm des türkischen Verbs für *sein* lautet **i-**. Einen Infinitiv bildet dieses Verb nicht. Wenn es einen Infinitiv bilden würde, würde er **imek** lauten. Daher wird das türkische Verb für *sein* **imek** genannt, auch wenn diese Infinitivform in der tatsächlichen Sprache nicht vorkommt.

An **i-**, den Verbstamm von **imek** können nur drei Endungen treten: die di-Vergangenheitsendung **-di**, die miş-Vergangenheitsendung **-miş** und die Konditionalendung **-se**. An diese Endungen treten dann die jeweiligen Personalendungen an.

Im Präsens entfallen die Präsensendung und der Verbstamm von **imek**, und es bleiben nur die bloßen Personalendungen übrig, die direkt an das Prädikativ angehängt werden.

Die miş-Vergangenheit ist beim Verb **imek** zeitlich nicht festgelegt: Sie kann sich auf die Vergangenheit oder auf die Gegenwart beziehen. Wichtig ist: Die miş-Vergangenheit wird bei **imek** verwendet, um Sachverhalte mitzuteilen, die man nur vom Hörensagen weiß.

Konjugationsmuster von **imek** *sein*:

	Präsens	di-Vergangenheit	miş-Vergangenheit	Konditional
ben	**-(y)im**	**idim**	**imişim**	**isem**
sen	**-sin**	**idin**	**imişsin**	**isen**
o	**-**	**idi**	**imiş**	**ise**
biz	**-(y)iz**	**idik**	**imişiz**	**isek**
siz	**-siniz**	**idiniz**	**imişsiniz**	**iseniz**
onlar	**-ler**	**idiler**	**imişler**	**iseler**

Das türkische Wort für *sein*, also die konjugierten Formen von **imek**, stehen immer hinter dem Prädikativ, welches ein Adjektiv, ein Substantiv mit oder ohne Fallendung oder ein Pronomen sein kann. Im Präsens werden die Personalendungen des 1. Typs direkt an das Prädikativ angehängt.

(sen) güzelsin *du bist schön*	**(sen) güzel idin** *du warst schön*	**(sen) güzel imişsin** *du sollst schön (gewesen) sein*	**(sen) güzel isen** *wenn du schön bist*
hava güzel *das Wetter ist schön*	**hava güzel idi** *das Wetter war schön*	**hava güzel imiş** *das Wetter soll schön (gewesen) sein*	**hava güzel ise** *wenn das Wetter schön ist*

Nun fällt auch in der di-Vergangenheit, der miş-Vergangenheit und im Konditional in der Alltagssprache das **i-**, der Verbstamm von **imek**, ganz weg, sodass nur noch die Endungen **-di**, **-miş** und **-se** mit den Personalendungen übrig bleiben. Die Formen des Verbs **imek** werden so also gänzlich zu Endungen, die der Vokalharmonie unterliegen; auch das anlautende -**d** von **-di** wird nach stimmlosen Konsonanten zu **t**:

Präsens	di-Vergangen-heit	miş-Vergangenheit	Konditional
(ben) güzelim *ich bin schön*	**(ben) güzeldim** *ich war schön*	**(ben) güzelmişim** *ich soll schön (gewesen) sein*	**(ben) güzelsem** *wenn ich schön bin*
(sen) güzelsin *du bist schön*	**(sen) güzeldin** *du warst schön*	**(sen) güzelmişsin** *du sollst schön (gewesen) sein*	**(sen) güzelsen** *wenn du schön bist*
Havva güzel *Havva ist schön*	**Havva güzeldi** *Havva war schön*	**Havva güzelmiş** *Havva soll schön (gewesen) sein*	**Havva güzelse** *wenn Havva schön ist*
(biz) güzeliz *wir sind schön*	**(biz) güzeldik** *wir waren schön*	**(biz) güzelmişiz** *wir sollen schön (gewesen) sein*	**(biz) güzelsek** *wenn wir schön sind*
(siz) güzelsiniz *ihr seid/Sie sind schön*	**(siz) güzeldiniz** *ihr wart/Sie waren schön*	**(siz) güzelmişsiniz** *ihr sollt/Sie sollen schön (gewesen) sein*	**(siz) güzelseniz** *wenn ihr/Sie schön seid/sind*
(onlar) güzeller *sie sind schön*	**(onlar) güzeldiler** *sie waren schön*	**(onlar) güzelmişler** *sie sollen schön (gewesen) sein*	**(onlar) güzelseler** *wenn sie schön sind*

Nur wenn diese Endungen an ein Prädikativ antreten, das mit Vokal endet, erscheint ein **y**: der bleibende Rest des Verbstamms **i-** von **imek**:

(sen) hastasın *du bist krank*	**(sen) hastaydın** *du warst krank*	**(sen) hastaymışsın** *du sollst krank (gewesen) sein*	**(sen) hastaysan** *wenn du krank bist*

İmek als Endung im Überblick:

	Präsens	di-Vergangen-heit	miş-Vergangenheit	Konditional
ben	**-(y)im**	**-(y)dim**	**-(y)mişim**	**-(y)sem**
sen	**-sin**	**-(y)din**	**-(y)mişsin**	**-(y)sen**
o	**-**	**-(y)di**	**-(y)miş**	**-(y)se**
biz	**-(y)iz**	**-(y)dik**	**-(y)mişiz**	**-(y)sek**
siz	**-siniz**	**-(y)diniz**	**-(y)mişsiniz**	**-(y)seniz**
onlar	**-ler**	**-(y)diler**	**-(y)mişler**	**-(y)seler**

Negative Aussage

In der Verneinung unterscheidet sich **imek** auch von allen anderen Verben. **İmek** wird nicht mit der Negationsendung **-me** verneint, sondern mit dem Wort **değil** (*nicht*).

değil steht nach dem Prädikativ. Die Endungsformen von **imek** werden an **değil** angehängt.

Hasta değilim. — *Ich bin nicht krank.*
Hava soğuk değildi. — *Das Wetter war nicht kalt.*
Roman güzel değilmiş. — *Der Roman soll nicht schön (gewesen) sein.*

Yorgun değilsen, ... — *Wenn du nicht müde bist, ...*

Fragebildung

Die Fragepartikel **mi** steht direkt nach dem Prädikativ; die Endungsformen von **imek** werden an **mi** angehängt:

Çocuk bahçede mi? — *Ist das Kind im Garten?*
Çocuk bahçede miydi? — *War das Kind im Garten?*
Çocuk bahçede miymiş? — *Soll das Kind im Garten (gewesen) sein?*

Adem yorgun mu? — *Ist Adem müde?*
Adem yorgun muydu? — *War Adem müde?*
Adem yorgun muymuş? — *Soll Adem müde (gewesen) sein?*

Bei der negativen Frage kommt die Fragepartikel **mi** mit der angehängten Personalendung nach **değil** (*nicht*):

Hava güzel değil mi? — *Ist das Wetter nicht schön?*
Hava güzel değil miydi? — *War das Wetter nicht schön?*
Hava güzel değil miymiş? — *Soll das Wetter nicht schön (gewesen) sein?*

Konjugationsmuster, Präsens:

Personalendungen	Positive Aussage	Positive Frage	Negative Aussage	Negative Frage
(ben)	**güzelim** *ich bin schön*	**güzel miyim?** *bin ich schön?*	**güzel değilim** *ich bin nicht schön*	**güzel değil miyim?** *bin ich nicht schön?*
(sen)	**güzelsin**	**güzel misin?**	**güzel değilsin**	**güzel değil misin?**
(o)	**güzel**	**güzel mi?**	**güzel değil**	**güzel değil mi?**
(biz)	**güzeliz**	**güzel miyiz?**	**güzel değiliz**	**güzel değil miyiz?**
(siz)	**güzelsiniz**	**güzel misiniz?**	**güzel değilsiniz**	**güzel değil misiniz?**
(onlar)	**güzeller**	**güzeller mi?**	**güzel değiller**	**güzel değiller mi?**

Die Endung -dir

Es gibt keine Aoristform von **imek**. Im Präsens von **imek** kann aber die Endung **-dir** (gV) an die Personalendungen treten. **-dir** ersetzt dabei die fehlende Aoristform von **imek**.

Präsens	+ **-dir**
güzelim *ich bin schön* **güzelsin** **güzel** **güzeliz** **güzelsiniz** **güzel(ler)**	**güzelimdir** *ich bin immer schön* **güzelsindir** **güzeldir** **güzelizdir** **güzelsinizdir** **güzeldir(ler)**

Nach stimmlosem Konsonant wird das anlautende **d** zu **t**:

Ankara soğuktur. — *Ankara ist doch kalt.*
Antalya sıcaktır. — *Antalya ist doch warm.*

Die Endung **-dir** erfüllt die Funktionen des Aorists. Sie wird gebraucht:

- für allgemeine Tatsachen oder wenn man etwas als unveränderlich darstellen möchte:

  Berlin Almanya'nın başkentidir. — *Berlin ist die Hauptstadt von Deutschland.*
  Havva neşelidir. — *Havva ist immer lustig.*

- zum Ausdruck einer Wahrscheinlichkeit oder einer Hoffnung:

  Adem evdedir. — *Adem ist sicher zu Hause.*

In der 1. und 2. Pers. kommt **-dir** seltener vor:

Yorgunsundur. — *Du bist (wahrscheinlich) müde.*

-dir kann auch an verschiedene Verbformen antreten:

Adem gelecektir. — *Adem wird (sicher) kommen.*
Havva gitmiştir. — *Havva ist wahrscheinlich gegangen.*

var und yok

Die beiden Wörter **var** (*existent, vorhanden*) und **yok** (*nicht existent, nicht vorhanden*) werden hauptsächlich als Prädikative verwendet und bilden dann Sätze, die im Deutschen mit *es gibt* ... bzw. *es gibt nicht* ... wiedergegeben werden können. **Var** und **yok** können wie jedes prädikativ verwendete Adjektiv durch Anfügen der Endungsformen von **imek** in die di- und miş-Vergangenheit und in den Konditional versetzt werden.

Das Subjekt von Sätzen mit **var** und **yok** ist meist in der dritten Person:

	Positive Aussage	Positive Frage	Negative Aussage	Negative Frage
Präsens	**var** *es gibt …*	**var mı?**	**yok** *es gibt kein …*	**yok mu?**
di-Vergangenheit	**vardı** *es gab …*	**var mıydı?**	**yoktu** *es gab kein …*	**yok muydu?**
miş-Vergangenheit	**varmış** *es soll … gegeben haben*	**var mıymış?**	**yokmuş** *es soll kein … gegeben haben*	**yok muymuş?**
Konditional **-se**	**varsa** *wenn es … gibt*	–	**yoksa** *wenn es kein … gibt*	–

Plajda çok insan var. *Am Strand gibt es viele Menschen.*
Orada türlü türlü bahçeler vardı. *Es gab dort viele verschiedene Gärten.*
Istanbul'da çok cami varmış. *Es soll in Istanbul viele Moscheen geben.*
Burada bir sinema var mı? *Gibt es hier ein Kino?*
Burada bir sinema yok mu? *Gibt es hier kein Kino?*

Çay var mı?
Gibt es Tee?
Kahve var mı?
Gibt es Kaffee?
Ne var?
Was gibt es dann?

Çay yok.
Nein, es gibt keinen Tee.
Kahve de yok.
Kaffee gibt es auch nicht.
Elma çayı var.
Es gibt Apfeltee.

Auch die 1. und 2. Person kommen als Subjekt vor: **varım** (*ich bin da*), **yokum** (*ich bin nicht da*).

Haben und nicht haben

Im Türkischen wird *haben* und *nicht haben* mit **var** und **yok** ausgedrückt. Dabei wird die Genitiv-Verbindung angewandt.
▶ Kap. 3 Die Genitiv-Verbindung, S. 26

Die Bildung der Sätze hat folgendes Schema:

Besitzer + Genitivendung **-(n)in**	Besitz + Possessivendung **-(s)i**	var/ yok	
Adem'in **Adem'in**	**bilgisayarı** **bilgisayarı**	**var** **yok**	*Adem hat einen Computer* *Adem hat keinen Computer*

Wenn der Besitzer durch ein Personalpronomen benannt wird, fällt das entsprechende Personalpronomen im Genitiv (das Possessivpronomen) meist weg; die Possessivendung am „Besitz" reicht zur Benennung des Besitzers aus:

(Benim) Zamanım var.	*Ich habe Zeit.*
(Senin) Telefonun var.	*Du hast ein Telefon.*
(Onun) Parası var.	*Er/Sie hat Geld.*
(Bizim) İşimiz var.	*Wir haben Arbeit.*
(Sizin) Eviniz var.	*Ihr habt/Sie haben ein Haus.*
(Onların) Arabaları var.	*Sie haben ein Auto.*
(Benim) Zamanım yok.	*Ich habe keine Zeit.*
(Senin) Telefonun yok.	*Du hast kein Telefon.*
(Onun) Parası yok.	*Er/Sie hat kein Geld.*
(Bizim) İşimiz yok.	*Wir haben keine Arbeit.*
(Sizin) Eviniz yok.	*Ihr habt/Sie haben kein Haus.*
(Onların) Arabaları yok.	*Sie haben keine Autos.*

Adem'in arabası ve parası yoktu.	*Adem hatte keinen Wagen und kein Geld.*
Şimdi herkesin arabası var.	*Jetzt hat jeder einen Wagen.*
Zamanın var mı?	*Hast du Zeit?*
Paran var mı?	*Hast du Geld?*
Arabanız var mı?	*Habt ihr/Haben Sie ein Auto?*

10

Die Wiedergabe von Modalverben im Türkischen

Wollen

Dem deutschen Hilfsverb *wollen* entspricht das türkische Verb **istemek**. Das, was man tun will, steht dann als Infinitiv davor.

Yüzmek istiyorum.	*Ich möchte schwimmen.*
Adem tiyatroya gitmek istiyor.	*Adem will zum Theater gehen.*
Havva evde kalmak istedi.	*Havva wollte zu Hause bleiben.*
Sen sinemaya gitmek istiyor musun?	*Willst du ins Kino gehen?*
Bir çay ister misiniz?	*Möchten Sie einen Tee?*

Können

Können wird im Türkischen durch eine Endung ausgedrückt, die an den Verbstamm angefügt wird. Dabei entsteht ein neues Verb, das in allen Zeiten und Modi konjugiert werden kann. Man nennt die Form des neuen Verbs auch **Möglichkeitsform**.

Bildung der Möglichkeitsform: Verbstamm + **-(y)ebilmek.**

Bei dieser Endung unterliegt nur die erste Silbe **-(y)e** der kleinen Vokalharmonie, die beiden letzten Silben **-bilmek** bleiben immer unverändert. Das **y** tritt nur nach einem Vokal auf.

gitmek	*gehen*	▶	**gidebilmek**	*gehen können*
unutmak	*vergessen*	▶	**unutabilmek**	*vergessen können*
yapmak	*machen*	▶	**yapabilmek**	*machen können*
ödemek	*bezahlen*	▶	**ödeyebilmek**	*bezahlen können*
okumak	*lesen*	▶	**okuyabilmek**	*lesen können*
anlamak	*verstehen*	▶	**anlayabilmek**	*verstehen können*

Türkçe gazete okuyabiliyor musun?	*Kannst du türkische Zeitungen lesen?*
Türkçe anlayabiliyor musunuz?	*Können Sie Türkisch verstehen?*

Zur Wiedergabe von *nicht können* gibt es eine eigene Endung: die Endung der **Unmöglichkeitsform**.

Bildung der Unmöglichkeitsform: Verbstamm + **-(y)ememek.**
Bei dieser Endung unterliegen alle Silben der kleinen Vokalharmonie. Das **y** tritt nur auf, wenn die Endung an einen Vokal antritt.

gelebilmek	*kommen können*	**gelememek**	*nicht kommen können*
yapabilmek	*machen können*	**yapamamak**	*nicht machen können*
okuyabilmek	*lesen können*	**okuyamamak**	*nicht lesen können*
ödeyebilmek	*bezahlen können*	**ödeyememek**	*nicht bezahlen können*

İstanbul'a gidemiyorum.	*Ich kann nicht nach Istanbul fahren.*
Adem Havva'yı anlayamadı.	*Adem konnte Havva nicht verstehen.*

Dürfen

Dürfen wird im Türkischen meist durch die Möglichkeitsform **-(y)ebilmek** im Aorist ausgedrückt:

Bunu alabilir miyim?
Darf ich das nehmen?
Evet, alabilirsiniz.
Ja, Sie dürfen.
Bir soru sorabilir miyim?
Darf ich eine Frage stellen?
Evet, sorabilirsiniz.
Ja, Sie dürfen.
İçeriye girebilir miyim?
Darf ich eintreten?
Evet, girebilirsiniz.
Ja, Sie dürfen.
Burada sigara içebilir miyim?
Darf ich hier rauchen?
Hayır, içemezsiniz.
Nein, hier dürfen Sie nicht rauchen.

Müssen und sollen

- *Müssen* im Sinne einer Notwendigkeit kann im Türkischen durch die Notwendigkeitsform **-meli** wiedergegeben werden:

  Hemen diş doktoruna gitmeliyim. *Ich muss sofort zum Zahnarzt gehen.*
  Bu hapları sabahleyin almalısınız. *Diese Tabletten müssen Sie morgens einnehmen.*

- Auch *sollen* im Sinne einer Aufforderung kann durch **-meli** wiedergegeben werden:

  Diş doktoruna gitmelisin. *Du sollst zum Zahnarzt gehen.*
  Parayı hemen ödemelisin. *Du sollst das Geld sofort überweisen.*

- Mit dem Optativ der 3. Pers. auf **-sin** kann man zum Ausdruck bringen, dass eine dritte Person etwas tun soll:

  Adem de gelsin. *Adem soll auch kommen.*
  Yarın sabah, sekizde buraya gelsinler. *Sie sollen morgen um acht Uhr hierher kommen.*

- Auch in der 1. Pers. kann der Optativ (in Frageform) ein Sollen ausdrücken. Der Sprecher fragt dann den Hörer nach dessen Meinung, was er besser tun sollte.

  Ne zaman geleyim? *Wann soll ich kommen?*

Eine sehr gebräuchliche Art, ein Müssen im Sinne einer Notwendigkeit auszudücken, sind Sätze mit **gerek** oder **lâzım** (*nötig, notwendig*) als Prädikativ. Die Bildung dieser Sätze erfolgt nach diesem Schema:

Person, die etw. tun muss + Genitivendung **-(n)in**	Kurzinfinitv + Possessivendung **-(s)i**	**gerek/ lâzım**	
Adem'in	**gitmesi**	**gerek**	*Adem muss gehen.*
Havva'nın	**çalışması**	**lâzım**	*Havva muss arbeiten.*

▶ Kap. 3 Die Genitiv-Verbindung, S. 26, Kap. 11 Verbalsubstantive, S. 81

Wird die Person, die etwas tun muss, als Personalpronomen wiedergegeben, kann dieses Pronomen auch fehlen, da die Possessivendung am Kurzinfinitiv die Person eindeutig benennt.

(Benim) Çalışmam gerek.	*Ich muss arbeiten.*
(Senin) Dinlenmen lâzım.	*Du musst dich ausruhen.*
(Onun) Doktora gitmesi gerek.	*Er/Sie muss zum Arzt gehen.*
(Bizim) Çalışmamız gerek.	*Wir müssen arbeiten.*
(Sizin) Ekmek almanız lâzım.	*Ihr müsst/Sie müssen Brot kaufen.*
(Onların) Gitmeleri lâzım.	*Sie sollen gehen.*

Durch Anhängen der Endung **-di** an **lâzım** bzw. **gerek** können diese Sätze in die Vergangenheit gesetzt werden:

Çalışmam gerekti.	*Ich musste arbeiten.*
Adem'in doktora gitmesi lâzımdı.	*Adem musste zum Arzt gehen.*

Ebenso können **-miş** und **-se** angehängt werden.
▶ Kap. 9 Das Verb „sein“: imek, S. 73

Die Verbalsubstantive und die Partizipien (adfiiller ve sıfatfiiller)

Die Verbalsubstantive und Partizipien werden durch die Anfügung von Endungen an den Verbstamm gebildet.

Verbalsubstantive (adfiiller)

Der Infinitiv mit der Endung **-mek**, auch **Vollinfinitiv** genannt, ist bereits ein Verbalsubstantiv. Es kann zum Beispiel das Subjekt eines Satzes sein:

Sigara içmek sağlığa zararlıdır. *Zigarettenrauchen schadet der Gesundheit.*
Yüzmek sağlığa iyi gelir. *Schwimmen ist gut für die Gesundheit.*

Der Infinitiv auf **-mek** kann auch Fallendungen annehmen:

Adem çalışmakta. *Adem ist am Arbeiten.*

Neben dem Vollinfinitiv gibt es noch den **Kurzinfinitiv** mit der Endung **-me** (kV) und ein weiteres Verbalsubstantiv mit der Endung **-(y)iş** (gV). (Das **y** kommt nur vor, wenn die Endung an einen Vokal antritt.) Vergleiche:

Infinitiv	Kurzinfinitiv	Verbalsubstantiv auf **-iş**
almak *kaufen*	**alma** *das Kaufen*	**alış** *der Kauf*
görmek *sehen*	**görme** *das Sehen*	**görüş** *die Sicht*
gelmek *ankommen*	**gelme** *das Ankommen*	**geliş** *die Ankunft*
girmek *eintreten*	**girme** *das Eintreten*	**giriş** *der Eintritt*
girmek *hineingehen*	**girme** *das Hineingehen*	**giriş** *der Eingang*
çıkmak *hinausgehen*	**çıkma** *das Hinausgehen*	**çıkış** *der Ausgang*
inmek *landen*	**inme** *das Landen*	**iniş** *die Landung*

Verbalsubstantive auf **-iş** stehen oft auch im Wörterbuch.

Alle drei Verbalsubstantive können Fallendungen annehmen. Der Vollinfinitiv bildet allerdings keinen Genitiv, und seine Akkusativ- und Dativformen sind heute veraltet, dafür springen dann die entsprechenden Formen des Kurzinfinitivs ein.

Nom.	**gelmek**	**gelme**	**geliş**
Gen.	**–**	**gelmenin**	**gelişin**
Akk.	**(gelmeği)**	**gelmeyi**	**gelişi**
Dat.	**(gelmeğe)**	**gelmeye**	**gelişe**
Lok.	**gelmekte**	**gelmede**	**gelişte**
Abl.	**gelmekten**	**gelmeden**	**gelişten**

Der Kurzinfinitiv und das Verbalsubstantiv auf **-(y)iş** nehmen im Gegensatz zum Vollinfinitiv auch Possessivendungen an:

(benim)	**gelmem**	*mein Kommen*	**gelişim**	*meine Ankunft*
(senin)	**gelmen**	*dein Kommen*	**gelişin**	*deine Ankunft*
(onun)	**gelmesi**	*sein/ihr Kommen*	**gelişi**	*seine/ihre Ankunft*
(bizim)	**gelmemiz**	*unser Kommen*	**gelişimiz**	*unsere Ankunft*
(sizin)	**gelmeniz**	*euer/Ihr Kommen*	**gelişiniz**	*eure/Ihre Ankunft*
(onların)	**gelmeleri**	*ihr Kommen*	**gelişleri**	*ihre Ankunft*

Der Kurzinfinitiv mit Possessivendung bildet zusammen mit **gerek** oder **lâzım** einen gebräuchlichen Ausdruck für *müssen*.
▶ Kap. 10 Müssen und Sollen, S. 79

-mek için (*um zu ...*)
Der Infinitiv auf **-mek**, gefolgt von der Postposition **için** (*für*), bildet eine Antwort auf die Frage **niçin** (*warum*):

Adem Berlin'e niçin gidiyor?
Warum fährt Adem nach Berlin?

Bir araba almak için.
Um ein Auto zu kaufen.

-meye (*um zu ...*)
Der Kurzinfinitiv mit Dativendung bildet eine Antwort auf die Frage **niye** (*wozu*). Die beiden Satzerweiterungen mit **-mek için** und **-meye** sind meist austauschbar.

Adem Berlin'e niye gidiyor?
Wozu fährt Adem nach Berlin?

Bir araba almaya.
Um ein Auto zu kaufen.

Havva tatile dinlenmek için gidiyor. *Havva fährt in den Urlaub, um sich zu erholen.*

Adem bir ekmek almaya gitti. *Adem ist weggegangen, um ein Brot zu kaufen.*

Die Partizipien (sıfatfiiller)

Die türkischen Partizipien können als Adjektive und als Substantive verwendet werden. Das Türkische kennt mehrere Arten von Partizipien.

Das Partizip auf -en

Bildung: Verbstamm + **-(y)en** (kV). (Das **y** tritt nur auf, wenn die Endung an einen Vokal antritt.)

vermek	*geben*	▶	**veren**	*gebend*
almak	*nehmen*	▶	**alan**	*nehmend*
söylemek	*sagen*	▶	**söyleyen**	*sagend*
oynamak	*spielen*	▶	**oynayan**	*spielend*

Das Partizip auf **-en** kann in den meisten Fällen im Deutschen als ein Partizip der Gegenwart wiedergegeben werden.

Im adjektivischen Gebrauch steht das Partizip auf **-en** attributiv vor einem Substantiv:

çalışan adam *der arbeitende Mann*
gülen yüz *das lachende Gesicht*

Uyuyan prens nerede? *Wo ist der schlafende Prinz?*
Oynayan çocuklara bakıyorum. *Ich schaue den spielenden Kindern zu.*

Im Türkischen gibt es keine Relativsätze mit Relativpronomen und finitem Verb. Stattdessen werden Partizipien verwendet, die direkt vor ihrem Bezugswort stehen.

Havva, bahçede çalışan adamı tanımıyor. *Havva kennt den im Garten arbeitenden Mann nicht.*
▶ *Havva kennt den Mann, der im Garten arbeitet, nicht.*

Das Partizip auf **-en** ist zeitlich unbestimmt. Es kann je nach Kontext ein gegenwärtiges oder ein vergangenes Ereignis darstellen:

Bahçede çalışan adam Adem. *Der Mann, der im Garten arbeitet, ist Adem.*
Dün bahçede çalışan adam Adem. *Der Mann, der gestern im Garten arbeitete, ist Adem.*

Das Partizip auf **-en** kann als Substantiv gebraucht werden. Es wird dann normal dekliniert.

Nom.	**gelen**	**gelenler**
Gen.	**gelenin**	**gelenlerin**
Akk.	**geleni**	**gelenleri**
Dat.	**gelene**	**gelenlere**
Lok.	**gelende**	**gelenlerde**
Abl.	**gelenden**	**gelenlerden**

Adem gelenleri selâmlıyor. *Adem begrüßt die Kommenden.*
Havva gelenlere kahve sunuyor. *Havva bietet den Kommenden (den Gästen) Kaffee an.*

Das Partizip auf -miş

Bildung: Verbstamm + **-miş** (gV).

Das Partizip auf **-miş** drückt einen gegenwärtigen Zustand aus, der sich in der Vergangenheit ergeben hat:

geçmek *vorbeigehen*	**geçmiş** *vergangen*	**geçmiş günler** *die vergangenen Tage*
okumak *lesen, studieren*	**okumuş** *gebildet*	**okumuş adam** *der gebildete Mann*

Das Partizip auf **-miş** wird vor allem aus passivischen Verben gebildet und entspricht dann ziemlich genau dem deutschen Partizip Perfekt. In Kochbüchern finden sich dazu viele Beispiele:

2 kaşık taze kıyılmış maydanoz	*2 Esslöffel frisch gehackte Petersilie*
1 çay kaşığı taze kıyılmış nane	*1 Teelöffel frisch gehackte Minzblätter*
taze öğütülmüş karabiber	*frisch gemahlener schwarzer Pfeffer*
taze rendelenmiş peynir	*frisch geriebener Käse*
200 gram ıspanak, küçük doğranmış	*200 g Spinatblätter, klein geschnitten*
2 diş sarmısak, ince doğranmış	*2 Knoblauchzehen, fein gehackt*

Das Partizip auf -ecek

Bildung: Verbstamm + **-(y)ecek** (kV). (Das **y** tritt nur auf, wenn die Endung an einen Vokal antritt.)

Das Partizip auf **-ecek** drückt Nachzeitigkeit aus.

Gelecek yıl Berlin'e gideceğim.	*Im kommenden Jahr (im Jahr, das kommen wird) werde ich nach Berlin fahren.*
Gelecek hafta Antalya'da olacağım.	*Nächste Woche (in der Woche, die kommen wird) werde ich in Antalya sein.*

Manchmal ist das Partizip auf **-ecek** im Deutschen mit einem Infinitiv mit *zu* zu übersetzen:

içmek *trinken*	▶	**İçecek bir şey var mı?**	*Gibt es etwas zu trinken?*
anlatmak *erzählen*	▶	**Anlatacak çok şey var.**	*Es gibt vieles zu erzählen.*

▶ Kap 11 Partizipien mit Possessivendung, Seite 85

Partizipien mit Possessivendung

Es gibt im Türkischen ein Partizip, das durch die Anfügung der Endung **-dik** (gV) an den Verbstamm gebildet wird. Dieses Partizip ist in dieser Form sehr selten. Hier einige Beispiele:

bilmemek *nicht wissen*	▶	**bilmedik yerler**	*unbekannte Orte*
tanımak *kennen*	▶	**tanıdık insanlar**	*bekannte Menschen*

Jedoch kommt dieses Partizip sehr oft mit einer Possessivendung vor. In dieser Form erfüllt es dann die Funktion türkischer Relativsätze, deren Subjekt nicht mit dem Bezugswort identisch ist (wofür das Partizip auf **-en** verwendet wird, siehe S. 83). Die Possessivendung am dik-Partizip bezeichnet das Subjekt des Relativsatzes; der Verbstamm des Partizips bezeichnet die Handlung, die dieses Subjekt vollzieht (im Beispiel unten: der Verbstamm von **okumak** *lesen*), und die Position des Partizips direkt vor dem Bezugswort (im Beispiel unten: **kitap** *das Buch*) macht klar, dass diese Handlung an diesem Bezugswort vollzogen wird. So kommt das Türkische ganz ohne Relativpronomen aus.

(benim)	**okuduğum kitap**	*das Buch, das ich gelesen habe/lese*
(senin)	**okuduğun kitap**	*das Buch, das du gelesen hast/liest*
(onun)	**okuduğu kitap**	*das Buch, das er/sie gelesen hat/liest*
(bizim	**okuduğumuz kitap**	*das Buch, das wir gelesen haben/lesen*
(sizin)	**okuduğunuz kitap**	*das Buch, das ihr gelesen habt/lest*
(onların)	**okudukları kitap**	*das Buch, das sie gelesen haben/lesen*

In den obigen Beispielen sind die Subjekte der Relativsätze Personalpronomen. Diese können in ihrer Genitivform (als Possessivpronomen) auch am Anfang des Satzes stehen. Meist werden sie aber weggelassen. Wenn aber das Subjekt ein Substantiv ist, steht es im Genitiv am Satzanfang und bildet mit dem dik-Partizip formal eine Genitiv-Verbindung:

▶ Die Kap. 3 Die Genitiv-Verbindung, S. 26

Adem'in okuduğu kitap — *das Buch, das Adem gelesen hat/liest*
Çocukların okudukları kitap — *das Buch, das die Kinder gelesen haben/lesen.*

Das Partizip auf **-dik** ist zeitlich nicht festgelegt: Es kann Vor- oder Gleichzeitigkeit gegenüber dem Hauptsatzgeschehen bedeuten. Was genau gemeint ist, wird durch den Kontext klar. Beispiele:

Verdiğin kitabı okudum. — *Das Buch, das du mir gegeben hast, habe ich gelesen.*
Şimdi oturduğum ev budur. — *Das ist das Haus, in dem ich jetzt wohne.*
Dün aldığım arabayı bugün sattım. — *Den Wagen, den ich gestern gekauft hatte, habe ich heute verkauft.*
Adem'in aldığı ceket çok şık. — *Die Jacke, die Adem gekauft hat, ist sehr schick.*

Auch das Partizip auf **-ecek** kann Possessivendungen annehmen und wird in derselben Weise für türkische Relativsätze verwendet wie das Partizip auf **-dik**. Der Unterschied: Beim Partizip auf **-ecek** ist die Handlung des Relativsatzes gegenüber dem Hauptsatz immer zukünftig.

▶ Kap 11 Das Partizip auf **-ecek**, Seite 84

(benim)	**okuyacağım kitap**	*das Buch, das ich lesen werde*
(senin)	**okuyacağın kitap**	*das Buch, das du lesen wirst*
(onun)	**okuyacağı kitap**	*das Buch, das er/sie lesen wird*
(bizim)	**okuyacağımız kitap**	*das Buch, das wir lesen werden*
(sizin)	**okuyacağınız kitap**	*das Buch, das ihr/Sie lesen werdet/werden*
(onların)	**okuyacakları kitap**	*das Buch, das sie lesen werden*

Havva'ya vereceğim hediye çok pahalı. — *Das Geschenk, das ich Havva geben werde, ist sehr teuer.*

Die Gerundien (zarffiiller/ulaçlar)

Unter einem Gerundium versteht man im Türkischen ein Adverb, das durch Anfügung bestimmter Endungen an Verbstämme gebildet wird. Man nennt die Gerundien daher auch Verbaladverbien. Die Gerundialendungen entsprechen den Konjunktionen adverbialer Nebensätze im Deutschen. Der Gebrauch von Gerundien ist die türkische Art, adverbiale Nebensätze zu bilden.

Die eigentlichen Gerundien

Die Endungen der eigentlichen Gerundien tragen weder Personal- noch Possessivendungen. Meist ist das Subjekt des Gerundiums mit dem Subjekt des Hauptsatzes identisch. Wenn es ein eigenes Subjekt hat, muss es am Anfang des Satzes genannt werden.

- **-ip** (gV) (*und*)
  Bildung: Verbstamm + **-(y)ip** (das **y** tritt nur nach Vokal auf).
  Das Gerundium auf **-ip** nennt ein Geschehen, das dem Hauptgeschehen unmittelbar vorangeht. Man übersetzt es mit *und*.

Havva gelip kapıyı açtı.	*Havva kam und öffnete die Tür.*
Adem ceketini alıp gitti.	*Adem nahm seine Jacke und ging.*

- **-erek** (kV) (*während, indem*)
  Bildung: Verbstamm + **-(y)erek** (das **y** tritt nur nach Vokal auf).
  Das Gerundium auf **-erek** bezeichnet eine Begleithandlung. Oft kann man es mit einem Partizip ins Deutsche übersetzen, manchmal mit *während* oder *indem*.

Havva gülerek anlatıyor.	*Havva erzählt lachend.*
Adem susarak dinliyor.	*Adem hört schweigend zu.*

- **-ince** (gV, kV) (*wenn, als*)
  Bildung: Verbstamm + **-(y)ince** (das **y** tritt nur nach Vokal auf).

Adem gidince ev işlerini Havva yapıyor.	*Wenn Adem verreist ist, macht Havva die Hausarbeit.*
Yağmur yağınca evde kalıyoruz.	*Wenn es regnet, bleiben wir zu Hause.*
Berlin'e gelince beni ara.	*Ruf mich an, wenn du in Berlin ankommst.*

- **-ken** (*während*)
  Verbstamm + Aoristendung **-(i)r/-er** + **-ken**.

  Die Endung **-ken** unterliegt nicht der Vokalharmonie!

Adem okurken televizyon seyrediyor.	*Adem guckt Fernsehen, während er liest.*

- **-inceye kadar** (gV, kV) (*bis*)

Otobüs gelinceye kadar Adem bekledi.	*Adem wartete, bis der Bus kam.*
Sen uyuyuncaya kadar ben okurum.	*Bis du einschläfst, lese ich.*

- **-ene kadar** (kV) (*bis*)
  Bildung: Verbstamm + **-(y)ene kadar** (das **y** tritt nur nach Vokal auf).

Havva gelene kadar Adem bekledi.	*Adem hat gewartet, bis Havva zurückgekommen ist.*
Uyuyana kadar kitap okuyor.	*Er liest, bis er eingeschlafen ist.*

- **-meden** (kV) (*ohne ... zu*)
  Bildung: Verbstamm + **-meden.**

Adem gülmeden dinliyor.	*Adem hört zu, ohne zu lachen.*
Havva durmadan anlatıyor.	*Havva erzählt, ohne zu unterbrechen.*

- **-meden önce** (*bevor, ehe*)
  Bildung: Verbstamm + **-meden önce.**

Bankaya gitmeden önce beni ara.	*Bevor du zur Bank fährst, ruf mich an.*

- **-meksizin** (kV, gV) (*ohne ... zu*)
  Bildung: Verbstamm + **-meksizin.**

Havva bir şey söylemeksizin oteli terketti.	*Havva verließ das Hotel, ohne etwas zu sagen.*
Bazıları dinlemeksizin konuşuyor.	*Manche reden, ohne zuzuhören.*

- **-e -e** (kV)
  Bildung: Verdopplung des Verbs; Verbstamm + **-(y)e** (das **y** nur nach Vokal).
  Dieses verdoppelte Gerundium bezeichnet eine intensive Begleithandlung.

Havva yürüye yürüye geldi.	*Havva ist zu Fuss (marschierend) gekommen.*
Adem koşa koşa içeri girdi.	*Adem kam rennend herein.*
Bunu seve seve yaparım.	*Das tue ich gern (liebend).*
Güle güle git, güle güle gel.	*Geh mit Freude (lachend) und komm mit Freude (lachend).*
Adem'in evini sora sora buldum.	*Ich habe Adems Haus nach mehrmaligem Fragen (fragend) gefunden.*

- **-eli** (kV, gV) (*seitdem*)
  Verbstamm + **-(y)eli** (das **y** nur nach Vokal).

Berlin'de oturalı, Adem'i görmedim.	*Seitdem ich in Berlin wohne, habe ich Adem nicht gesehen.*
Sezon başlayalı daha çok turist geliyor.	*Seitdem die Saison begonnen hat, kommen noch mehr Touristen.*
Adem kur yapalı çok zayıfladı.	*Seitdem Adem Diät hält, hat er viel abgenommen.*

- **-dikçe** (gV, kV) (*solange*)
  Verbstamm + **-dikçe.**

  Adem yaşadıkça bu mahallede oturmak istiyor. — *Solange Adem lebt, will er in diesem Stadtteil wohnen.*

- **-(i)r/-er ... -mez** (*sobald*)
  Bildung: Verdopplung des Verbs; das erste Verb mit positiver, das zweite Verb mit negativer Aoristendung.

  İşin biter bitmez, pazara gideriz. — *Sobald du mit der Arbeit fertig bist, fahren wir zum Markt.*
  Araba alır almaz tatile gideriz. — *Sobald wir ein Auto gekauft haben, fahren wir in Urlaub.*

- **-miş gibi** (*als ob*)
  Verbstamm + **-miş gibi.**

  Adem uyumuş gibi yaptı. — *Adem tat so, als ob er schliefe.*
  Havva onu tanımış gibi bakıyor. — *Havva guckt so, als ob sie ihn kennen würde.*

- **diye**
  diye ist ein aus **demek** (*sagen*) gebildetes Gerundium mit der heute sonst kaum gebräuchlichen Gerundialendung **-(y)e.** Wörtliche Reden werden immer mit **diye** abgeschlossen. Man übersetzt **diye** nicht ins Deutsche.

  Havva „Nasılsın?" diye sordu. — *Havva fragte, wie es dir geht.*

- **-sin diye** (*damit*)
  Bildung: Optativ der 3. Pers., gefolgt von **diye.**

  Mayo alsın diye Adem'e para verdi. — *Sie hat Adem Geld gegeben, damit er eine Badehose kaufen kann.*

Gerundien mit Possessivpartizipien

Es gibt eine Reihe von Kombinationen aus dem Partizip auf **-dik** mit Possessivendung und einem nachfolgenden Wort, welche dieselbe Funktion wie Gerundien erfüllen. Die Possessivendung am dik-Partizip bezeichnet das Subjekt des Geschehens.
▶ Kap. 11 Partizipien mit Possessivendungen, S. 84

Eve geldiğim zaman yağmur yağdı. — *Als ich nach Hause kam, regnete es.*
Eve geldiği zaman yağmur yağdı. — *Als er/sie nach Hause kam, regnete es.*

Wenn das Subjekt als Substantiv genannt wird, steht es im Nominativ:

Adem eve geldiği zaman yağmur yağdı. — *Als Adem nach Hause kam, regnete es.*

- **-diği zaman** (*als*)

Geri geldiğim zaman Havva evde değildi. — *Als ich zurückkam, war Havva nicht zu Hause.*
Yağmur başladığı zaman çocuklar oyuna son verdi. — *Als es zu regnen begann, hörten die Kinder mit dem Spiel auf.*

- **-diği sürece** (*solange*)

Yaşadığım sürece İstanbul'da oturmak istiyorum. — *Solange ich lebe, möchte ich in Istanbul wohnen.*

- **-diği için** (*weil*)

Diyet yaptığım için az yiyorum. — *Ich esse wenig, weil ich Diät halte.*

- **-diği halde** (*obwohl*)

Beklediğim halde Havva gelmedi. — *Obwohl ich gewartet habe, ist Havva nicht gekommen.*

Yağmur yağdığı halde, Adem gezmeye gidiyor. — *Obwohl es regnet, geht Adem spazieren.*

- **-diği kadar** (*so ... wie*)

Dediği kadar iyi yemek yapıyor. — *Er kocht so gut, wie er gesagt hat.*

13 Die Konjunktionen (bağlaçlar)

Die Konjunktionen im Türkischen sind alle nebenordnende Konjunktionen, die zwei Wörter oder zwei Hauptsätze miteinander verbinden. Unterordnende Konjunktionen gibt es im Türkischen nicht. Die Funktion unterordnender Konjunktionen wird im Türkischen von den Gerundien erfüllt.

Es folgt eine Übersicht über einige Konjunktionen, die häufig auftreten.

- **ve** (*und*)

  Adem ve Havva nereli? — *Woher kommen Adem und Havva?*

- **hem … hem de** (*sowohl … als auch*)

  Havva hem güzel, hem de akıllı. — *Havva ist sowohl schön als auch klug.*

- **ne … ne** (*weder … noch*)

  Adem ne yiyor, ne içiyor. — *Weder trinkt Adem noch isst er.*

- **de … de** (*sowie*); die beiden **de** stehen nach ihren Bezugswörtern und gleichen sich ihnen vokalharmonisch an!

  Adem de, Havva da dünya vatandaşı. — *Adem sowie Havva sind Weltbürger.*

- **veya/yahut** (*oder*)

  Bira veya şarap içelim! — *Trinken wir Bier oder Wein!*
  İstanbul'a yahut İzmir'e gidelim. — *Lasst uns nach Istanbul oder Izmir fahren.*

- **ya … ya** (*entweder … oder*)

  Havva tatilden ya bugün ya yarın gelir. — *Entweder heute oder morgen kommt Havva aus dem Urlaub zurück.*

- **ama/fakat** (*aber*)

  Adem gelmiyor ama, Havva geliyor. — *Adem kommt nicht, aber Havva kommt mit.*

- **gerçi … ama** (*zwar … aber*)

  Hava gerçi güneşli, ama çok soğuk. — *Es ist zwar sonnig aber sehr kalt.*

- **ancak** (*allerdings*)

  Berlin'e gideceğim, ancak yarın değil. — *Ich werde nach Berlin fahren, allerdings nicht morgen.*

- **aksine/tersine/tam tersine** (*sondern*)

Adem güneye değil, aksine kuzeye gidiyor.	*Adem fährt nicht nach Süden, sondern nach Norden.*
Doğuya değil, tersine batıya gidiyorum.	*Ich fahre nicht nach Osten, sondern nach Westen.*

- **yalnız ... değil, aynı zamanda ...** (*nicht nur ..., sondern auch ...*)

Yemek yalnız ucuz değil, aynı zamanda iyiydi.	*Das Essen war nicht nur billig, sondern auch noch gut.*
Yalnız hava değil, aynı zamanda otel de kötüydü.	*Nicht nur das Wetter, sondern auch das Hotel war schlecht.*

- **bir ... bir** (*mal ... mal*)

Burada havalar bir güneşli bir yağmurlu.	*Es ist hier mal sonnig mal regnerisch.*

- **üstelik** (*außerdem*)

Hava kötü, üstelik soğuk.	*Das Wetter ist schlecht, außerdem ist es kalt.*

- **yani** (*das heißt, nämlich, kurz gesagt, also*)

Yani, hava çok güzeldi.	*Kurz gesagt: das Wetter war sehr schön.*

- **çünkü** (*denn*)

Fazla kalamam, çünkü yorgunum.	*Ich kann nicht länger bleiben, denn ich bin müde.*
Çok acelem var, çünkü otobüsüm on dakika sonra kalkıyor.	*Ich habe es sehr eilig, denn mein Bus fährt in zehn Minuten.*
Bugün işe gitmiyorum, çünkü hastayım.	*Heute gehe ich nicht zur Arbeit, denn ich bin krank.*

14

Die Postpositionen (takılar/ilgeçler)

Das Türkische kennt keine Präpositionen wie das Deutsche, die vor ihren Bezugswörtern stehen. Im Türkischen gibt es stattdessen Postpositionen. Diese sind ihrem Bezugswort immer nachgestellt.

Man kann die Postpositionen nach den Fällen einteilen, in denen ihr Bezugswort steht.

Häufig treten folgende Verhältniswörter auf:

Postpositionen mit dem Nominativ

Das Bezugswort der hier aufgelisteten Postpositionen steht im Nominativ, wenn es ein Substantiv ist. Wenn es jedoch ein Pronomen ist, steht es im Genitiv.

- **ile** (*mit*) antwortet auf die Fragen:

	Bezugswort: Substantiv	Bezugswort: Pronomen
kimin ile? *mit wem?*	**Adem ile** *mit Adem* **babam ile** *mit meinen Vater*	**onun ile** *mit ihm* **senin ile** *mit dir*
ne ile? *womit?*	**uçak ile** *mit dem Flugzeug* **taksi ile** *mit dem Taxi*	**onun ile** *damit* **bunun ile** *damit*

ile existiert auch in Form der Endung **-(y)le** (kV), die einfach an das Bezugswort angehängt wird. Das **y** taucht nur nach einem Vokal auf.

	Bezugswort: Substantiv	Bezugswort: Pronomen
kiminle? *mit wem?*	**Adem'le** *mit Adem* **babamla** *mit meinen Vater*	**onunla** *mit ihm* **seninle** *mit dir*
neyle? *womit?*	**uçakla** *mit dem Flugzeug* **taksiyle** *mit dem Taxi*	**onunla** *damit* **bununla** *damit*

Adem işe taksiyle gidiyor. *Adem fährt mit dem Taxi zur Arbeit.*
Havva hep otobüsle gider. *Havva fährt immer mit dem Bus.*
Benimle oynar mısın? *Willst du mit mir spielen?*

- **için** (*für*) antwortet auf die Frage:

	Bezugswort: Substantiv	Bezugswort: Pronomen
kimin için? *für wen?*	**Adem için** *für Adem* **babam için** *für meinen Vater*	**bunun için** *für diesen da* **sizin için** *für euch/Sie*

Bu hediye babam için. *Dieses Geschenk ist für meinen Vater.*
Bu hediye benim için. *Dieses Geschenk ist für mich.*

- **gibi** (*wie*) antwortet auf die Frage:

	Bezugswort: Substantiv	Bezugswort: Pronomen
ne gibi? *wie?*	**at gibi** *wie ein Pferd* **saat gibi** *wie eine Uhr*	**bunun gibi** *wie dieser da* **senin gibi** *wie du*

Adem at gibi çalışıyor. *Adem arbeitet wie ein Pferd.*
Motor saat gibi çalışıyor. *Der Motor läuft wie eine Uhr.*
Senin gibi bir dost bulamam. *Einen Freund wie dich finde ich nicht.*

- **kadar** (*so ... wie*) antwortet auf die Frage:

	Bezugswort: Substantiv	Bezugswort: Pronomen
ne kadar ...? *wie ...?*	**at kadar** *so ... wie ein Pferd*	**benim kadar** *so ... wie ich* **senin kadar** *so ... wie du*

Adem ne kadar kuvvetli?
Wie stark ist Adem?
Havva ne kadar büyük?
Wie groß ist Havva?

Adem at kadar kuvvetli.
Adem ist so stark wie ein Pferd.
Havva benim kadar büyük.
Havva ist so groß wie ich.

- **olarak** (*als, in der Eigenschaft als*) antwortet auf die Frage:

ne olarak? *als was?*	**şoför olarak** **öğretmen olarak**

Adem şoför olarak çalışıyor. *Adem arbeitet als Fahrer.*
Havva öğretmen olarak başarılı. *Havva ist als Lehrerin erfolgreich.*

Postpositionen mit dem Dativ

- **göre** (*gemäß, nach*) antwortet auf die Fragen:

kime göre? *nach wem?* **neye göre?** *nach was? wonach?*	**Adem'e göre** **yasaya göre**

Adem'e göre herşey tamam.	*Nach Adems Meinung ist alles in Ordnung.*
Bana göre ikiside bir.	*Meiner Meinung nach ist beides dasselbe.*
Adem yasaya göre davranıyor.	*Adem handelt nach dem Gesetz.*

- **kadar**/**dek** (*bis*) antwortet auf die Fragen:

nereye kadar? *bis wohin?*	**Antalya'ya kadar** **Berlin'e kadar**

Bu otobüs Antalya'ya kadar gidiyor.	*Dieser Bus fährt bis Antalya.*
Tren Berlin'e kadar gidecek.	*Der Zug wird bis Berlin fahren.*

ne zamana kadar? *bis wann?*	**yarına kadar** **saat 5'e kadar**

Arabayı yarına kadar tamir edebiliriz.	*Wir können das Auto bis morgen reparieren.*
Saat 5'e kadar çalıştım.	*Ich habe bis 5 Uhr gearbeitet.*
Havva sabaha dek dansetti.	*Havva hat bis zum Morgen getanzt.*

- **rağmen** (*trotz*) antwortet auf die Frage:

neye rağmen? *trotz was?*	**yağmura rağmen**

Yağmura rağmen Havva bahçede çalışıyor.	*Trotz des Regens arbeitet Havva im Garten.*
Yüksek fiyata rağmen Adem arabayı alıyor.	*Trotz des hohen Preises kauft Adem den Wagen.*

- **karşı** (*gegen*) antwortet auf die Frage:

kime karşı? *gegen wen?*	**Galatasaray'a karşı**

Bugün Galatasaray Vefa'ya karşı oynuyor.	*Heute spielt Galatasaray gegen Vefa.*

- **doğru** (*in Richtung auf ..., gegen*) antwortet auf die Fragen:

nereye doğru? *in welche Richtung?*	**İstanbul'a doğru**

Doğu Ekspresi İstanbul'a doğru gidiyor.	*Der Orient-Express fährt in Richtung Istanbul.*

ne zaman? *wann?*	**saat 5'e doğru**

Havva saat 5'e doğru eve geldi.	*Havva ist gegen 5 Uhr nach Hause gekommen.*

Postpositionen mit dem Ablativ

- **önce** (*vor - zeitlich*) antwortet auf die Frage:

neden önce? *vor welchem Zeitpunkt?*	**yemekten önce** **saat 3'ten önce**

Bu hapı yemekten önce almalısın. *Diese Tablette sollst du vor dem Essen einnehmen.*
Saat 3'ten önce gelemem. *Vor 3 Uhr kann ich nicht kommen.*

- **sonra** (*nach - zeitlich*) antwortet auf die Frage:

neden sonra? *nach welchem Zeitpunkt?*	**yemekten sonra** **saat 5'ten sonra**

Bu hapı yemekten sonra almalısın. *Diese Tablette sollst du nach dem Essen einnehmen.*
Saat 5'ten sonra gelsinler. *Nach 5 Uhr sollen sie kommen.*

- **dolayı** (*wegen*) antwortet auf die Frage:

neden dolayı? *wegen was?*	**kötü havadan dolayı** **aşırı hızdan dolayı**

Kötü havadan dolayı konser ertelendi. *Wegen des schlechten Wetters wurde das Konzert verschoben.*
Aşırı hızdan dolayı Adem ceza aldı. *Wegen Geschwindigkeitsüberschreitung hat Adem eine Strafe bekommen.*

- **başka** (*außer*) antwortet auf die Frage:

kimden başka? *außer wem?*	**Adem'den başka**

Dünyada Adem ve Havva'dan başka kimse yok muydu? *Gab es außer Adam und Eva niemand anderen auf der Welt?*

- **beri** (*seit*) antwortet auf die Frage:

ne zamandan beri? *seit wann?*	**iki haftadan beri**

Ne zamandan beri buradasınız? *Seit wann sind Sie hier?*
İki haftadan beri Antalya'dayım. *Seit zwei Wochen bin ich in Antalya.*

Ortsbereichssubstantive als Postpositionen

Es gibt im Türkischen eine Reihe von charakteristischen Substantiven, die den Bereich, den Raum, die Seite hinter, vor, über, auf, in, unter, zwischen etc. etwas bezeichnen. Diese Wörter nennt man Ortsbereichssubstantive. Hier sind die wichtigsten von ihnen:

üst	*oberer Bereich, Oberseite*
alt	*unterer Bereich, Unterseite*
ön	*vorderer Bereich, Vorderseite*
arka	*hinterer Bereich, Hinterseite*
iç	*das Innere, Innenseite*
yan	*Seite*
ara	*Zwischenraum*
karşı	*das Gegenüber*

Diese Ortsbereichssubstantive fungieren als Postpositionen in räumlichen Bedeutungen, wenn sie mit ihrem Bezugswort in einer Genitiv-Verbindung stehen und selbst die Endung einer der Ortsfälle Dativ (wohin?), Lokativ (wo?) oder Ablativ (woher?) tragen. Sie werden dann auch „unechte Postpositionen" genannt, weil sie von der Wortart her ja Substantive sind.
▶ Kap. 3 Die Genitiv-Verbindung, S. 26

Ortsbereichssubstantive bezeichnen eine bestimmte Seite, einen bestimmten Raum, einen bestimmten Bereich von etwas, mit dem sie in einer Genitiv-Verbindung stehen:

evin önü **evin arkası**	*der vordere Bereich des Hauses* *der hintere Bereich des Hauses*
masanın üstü **masanın altı**	*die Oberseite des Tisches* *die Unterseite des Tisches*

Wenn nun diese Genitiv-Verbindungen in den Dativ, Lokativ oder Ablativ versetzt werden, werden aus den Ortsbereichssubstantiven Postpositionen mit räumlicher Bedeutung:

nereye *wohin?*	**masanın üstüne**	*auf den Tisch (wörtl.: auf die Oberseite des Tisches)*
nerede *wo?*	**masanın üstünde**	*auf dem Tisch*
nereden *woher?*	**masanın üstünden**	*vom Tisch*

Kitapları masanın üstüne koyun lütfen!	*Legen Sie die Bücher bitte auf den Tisch!*
Mektuplar masanın üstünde.	*Die Briefe sind auf dem Tisch.*
Bardak masanın üstünden düştü.	*Das Glas ist vom Tisch runtergefallen.*

Hier ein Überblick über die wichtigsten unechten Postpositionen. Die Bezugswörter dieser unechten Postpositionen stehen im Genitiv.

Grundwort	Dativ: wohin?	Lokativ: wo?	
üst	**üstüne**	**üstünde**	*auf*
alt	**altına**	**altında**	*unter*
ön	**önüne**	**önünde**	*vor*
arka	**arkasına**	**arkasında**	*hinter*
iç	**içine**	**içinde**	*in, innerhalb*
yan	**yanına**	**yanında**	*neben, bei*
ara	**arasına**	**arasında**	*zwischen*
karşı	**karşısına**	**karşısında**	*gegenüber*

15

Der Satz (cümle/tümce)

Der Aussagesatz

Der einfache, nicht erweiterte Aussagesatz besteht aus zwei Elementen: dem Subjekt und dem Prädikat. Der Satzbau folgt immer demselben Schema:

Subjekt + Prädikat

Havva bekliyor.	*Havva wartet.*
Onlar gittiler.	*Sie sind gegangen.*
Araba satıldı.	*Das Auto wurde verkauft.*
Hava güneşli.	*Das Wetter ist sonnig.*

Das Subjekt steht immer im Nominativ. Es kann ein Substantiv (ein ursprüngliches Substantiv oder auch eine andere substantivisch gebrauchte Wortart wie Zahlwort, Verbalsubstantiv oder Partizip) oder ein Pronomen sein.

Adem şarkı söylüyor.	*Adem singt.*
Motor çalışıyor.	*Der Motor funktioniert.*
Ben çalışıyorum.	*Ich arbeite.*
Biri bağırıyor.	*Jemand schreit.*
Çoğu gelmiyor.	*Viele kommen nicht.*
Gülmek sağlıklıdır.	*Lachen ist gesund.*

Wenn das Subjekt eines Satzes ein Personalpronomen (**ben**, **sen**, **o** etc.) ist, fällt es meistens weg, da die Personalendung am Prädikat bereits das Subjekt benennt.

Geliyorum.	*Ich komme.*
Çalışıyorsun.	*Du arbeitest.*
Gittiler.	*Sie sind gegangen.*

Personalpronomen als Subjekt werden in der Regel nur verwendet, um das Subjekt besonders zu betonen oder um es kontrastiv hervorzuheben:

Ben geliyorum, sen gidiyorsun.	*Ich komme und du gehst.*

Das Prädikat besteht aus einem finiten Verb.

Adem geliyor.	*Adem kommt.*
Yarın geleceğim.	*Ich werde morgen kommen.*

Das Prädikat kann auch nur aus einem Adjektiv, Substantiv oder Pronomen bestehen, das als Prädikativ dem Subjekt zugeordnet ist. Im Präsens der 3. Pers. trägt das Prädikativ keinerlei verbale Endung:

Hava güzel.	*Das Wetter ist schön.*
Adem tatilde.	*Adem ist im Urlaub.*
Bu kitap benim.	*Dieses Buch ist meins.*

Wenn das Subjekt die 1. oder 2. Pers. ist, trägt das Prädikativ im Präsens die jeweilige Personalendung:

Arkadaşlarımızdayız.	*Wir sind bei unseren Freunden.*
Güzelsin.	*Du bist schön.*

In der di-Vergangenheit, der miş-Vergangenheit und im Konditional treten die Endungsformen des Verbs für *sein* (**imek**) an das Prädikativ:

Hava güzeldi.	*Das Wetter war schön.*
Adem tatildeymiş.	*Adem soll im Urlaub (gewesen) sein.*

▶ Kap. 8 Das Verb „sein": **imek**, S. 72

Satzergänzungen: Objekte und adverbiale Bestimmungen

Der einfache Aussagesatz genügt nicht immer, um den Angesprochenen ausführliche Informationen zu vermitteln.

Havva bekliyor.	*Havva wartet.*
Havva kimi bekliyor?	*Auf wen wartet Havva?*
Havva ne zamandan beri bekliyor?	*Seit wann wartet Havva?*
Havva nerede bekliyor?	*Wo wartet Havva?*

Ein Aussagesatz kann mit der Antwort auf diese oder ähnliche Fragen ergänzt werden. Der Satzbau folgt dann dem Schema:

Subjekt + Satzergänzung (Objekt/adverbiale Bestimmung) + Prädikat

Havva Adem'i bekliyor.	*Havva wartet auf Adem.*
Adem Havva'ya yardım ediyor.	*Adem hilft Havva.*
Havva çok çalışıyor.	*Havva arbeitet viel.*
Havva üç günden beri bekliyor.	*Havva wartet seit drei Tagen.*
Havva istasyonda bekliyor.	*Havva wartet am Bahnhof.*
Adem Berlin'den İstanbul'a geliyor.	*Adem kommt von Berlin nach Istanbul.*
Adem trenle gidiyor.	*Adem fährt mit dem Zug.*
Adem otele kadar yürüyor.	*Adem läuft zu Fuß bis zum Hotel.*

Ein Aussagesatz kann eine oder mehrere Ergänzungen enthalten:

Havva üç günden beri Adem'i istasyonda bekliyor.	*Seit drei Tagen wartet Havva am Bahnhof auf Adem.*

Das Prädikat steht in der Regel am Ende des Satzes.

Hervorhebung eines Satzteils

Im Türkischen werden Satzteile weniger durch eine andere Betonung hervorgehoben wie im Deutschen, sondern durch eine veränderte Wortstellung. Der Satzteil, der hervorgehoben werden soll, steht im Türkischen direkt vor dem Prädikat:

Havva üç günden beri Adem'i istasyonda bekliyor.
Havva üç günden beri istasyonda Adem'i bekliyor.
Havva Adem'i istasyonda üç günden beri bekliyor.

Der Fragesatz

Die Ergänzungsfrage

Einen Aussagesatz kann man einfach durch die Einfügung eines Frageworts in eine Ergänzungsfrage umwandeln. Das Fragewort steht vor dem Prädikat und der Satzbau folgt immer dem Schema:

Subjekt + Fragewort + Prädikat

Aussagesatz: Subjekt + Prädikat	Ergänzungsfrage: Subjekt + Fragewort + Prädikat
Havva bekliyor. **Havva bekliyor.**	**Havva kimi bekliyor?** **Havva nerede bekliyor?**

Die erwartete Antwort ist die Satzergänzung:

Ergänzungsfrage	Antwort (Satzergänzung)
Havva kimi bekliyor?	**Havva Adem'i bekliyor.**
Havva nerede bekliyor?	**Havva istasyonda bekliyor.**
Havva ne zamandan beri bekliyor?	**Havva üç günden beri bekliyor.**
Adem nereden geliyor?	**Adem Berlin'den geliyor.**

Die Endungen bei Frage und Antwort sind meist gleich:

kime	*zu wem*	**Adem'e/size**	*zu Adem/zu euch*
kimde	*bei wem*	**Havva'da/sende**	*bei Havva/bei dir*
kimden	*von wem*	**Patrick'ten/ benden**	*von Patrick/von mir*
kimin	*wessen*	**Adem'in**	*Adems*
nereyi	*welchen Ort*	**Berlin'i/Antalya'yı**	*Berlin/Antalya*
nereye	*wohin*	**İstanbul'a, Türkiye'ye**	*nach Istanbul/ in die Türkei*
nerede	*wo*	**Berlin'de**	*in Berlin*
nereden	*woher*	**tatilden/ Türkiye'den**	*aus dem Urlaub/ aus der Türkei*
nerenin	*von welchem Ort*	**İzmir'in**	*von Izmir*
saat kaçta	*um wie viel Uhr*	**saat sekizde**	*um acht Uhr*
kaça	*was kostet ...*	**yüz liraya**	*hundert Lira*
kaçıncı	*der wievielte*	**beşinci**	*der fünfte*
neyle	*womit*	**trenle**	*mit dem Zug*
ne zaman-dan beri	*seit wann*	**iki günden beri**	*seit zwei Tagen*
ne zamana kadar	*bis wann*	**sabaha kadar**	*bis zum Morgen*

Die Entscheidungsfrage

Die Entscheidungsfrage ist eine Frage, auf die man die Antwort **evet** (*ja*) oder **hayır** (*nein*) erwartet. Im Türkischen werden Entscheidungsfragen mit der Fragepartikel **mi** gebildet. Diese Partikel verhält sich wie eine Endung, da sie sich nach der großen Vokalharmonie der vorangehenden Silbe angleicht. Trotzdem wird **mi** immer vom vorangehenden Wort getrennt geschrieben. Die Fragepartikel **mi** ist unbetont. Die Betonung in der Entscheidungsfrage liegt immer auf der Silbe, die **mi** vorangeht.

Einen Aussagesatz kann man einfach durch die Fragepartikel **mi** in eine Entscheidungsfrage umwandeln:

Die Fragepartikel **mi** steht hinter dem Prädikat:

Aussagesatz	Entscheidungsfrage
Sen geliyorsun.	**Sen geliyor musun?**
Sen geleceksin.	**Sen gelecek misin?**
Adem gelmiş.	**Adem gelmiş mi?**
Siz gördünüz.	**Siz gördünüz mü?**
Sen yedin.	**Sen yedin mi?**
Adem geldi.	**Adem geldi mi?**

▶ Kap. 8 Die Fragepartikel **mi**, Seite 52, und Kap. 9 Das Verb **imek**, Fragebildung, S. 74

Die Fragepartikel **mi** kann aber auch hinter einem anderen Satzteil als dem Prädikat stehen. Sie steht immer hinter dem Satzteil, der eigentlich erfragt wird. Im Deutschen wird dieser Satzteil dann mit einer höheren Tonlage betont, im Türkischen tritt die Fragepartikel **mi** dahinter.

Adem yarın geliyor mu? — **Evet, geliyor./Hayır, gelmiyor.**
Kommt Adem morgen? — *Ja, er kommt./Nein, er kommt nicht.*
Adem yarın mı geliyor? — **Evet, yarın./Hayır bugün.**
Kommt Adem morgen? — *Ja, morgen./Nein, heute.*
Adem mi yarın geliyor? — **Evet, Adem./Hayır, Havva.**
Kommt Adem morgen? — *Ja, Adem./Nein, Havva.*

Der Passivsatz

Passivische Sätze sind im Türkischen Sätze, die ein passivisches Verb als Prädikat haben. Passivische Verben werden durch die Erweiterung von Verbstämmen mit der Wortbildungsendung **-il** oder **-(i)n** gebildet.
▶ Kap. 8 Das Passiv, S. 48

Aktiv		Passiv	
seviyorum	*ich liebe*	**seviliyorum**	*ich werde geliebt*
sevdim	*ich liebte*	**sevildim**	*ich wurde geliebt*
sevmiştim	*ich hatte geliebt*	**sevilmiştim**	*ich war geliebt worden*
seveceğim	*ich werde lieben*	**sevileceğim**	*ich werde geliebt werden*

Havva bir mektup yazıyor.
Havva schreibt einen Brief.
Adem Havva'yı gördü.
Adem hat Havva gesehen.
Adem arabayı satacak.
Adem wird den Wagen verkaufen.
Adem ev yapmış.
Adem soll ein Haus gebaut haben.

Mektup yazılıyor.
Der Brief wird geschrieben.
Havva görüldü.
Havva wurde gesehen.
Araba satılacak.
Der Wagen wird verkauft werden.
Ev yapılmış.
Das Haus wurde angeblich gebaut.

Soll in einem Passivsatz der Täter genannt werden, so steht er im Nominativ vor der Postposition **tarafından** (*von, vonseiten*):

Adem ev yaptı.
Adem hat ein Haus gebaut.
Havva bir paket gönderdi.
Havva hat ein Paket geschickt.

Ev Adem tarafından yapıldı.
Das Haus wurde von Adem gebaut.
Paket Havva tarafından gönderildi.
Das Paket wurde von Havva verschickt.

Die Wiedergabe von *man*

Das Wörtchen *man* kann im Türkischen einfach durch das passive Verb in der 3. Pers. Sing. wiedergegeben werden.

Bu nasıl yapılır?	*Wie macht man das?* *wörtl.: Wie wird das gemacht?*
Şarap üzümden yapılır.	*Wein stellt man aus Weintrauben her.* *wörtl.: Wein wird aus Weintrauben hergestellt.*
Postaneye nasıl gidilir?	*Wie kommt man zur Post?* *wörtl.: Wie wird zur Post gegangen?*

▶ siehe auch Vergleichssätze, S. 30; Wunschsätze: Der Gebrauch der Konditional-Wunschform; S. 63 f.; Bedingungssätze: Die Konditionalformen, S. 69 f.

Die Wiedergabe der deutschen *dass*-Sätze

Im Türkischen gibt es kein Eins-zu-eins-Äquivalent für die Konjunktion „dass"; es gibt aber einige Möglichkeiten, dass-Sätze wiederzugeben:

1. Die deutschen dass-Sätze können im Türkischen durch Partizipien auf **-dik**, **-ecek** und Verbalsubstantive auf **-me** (Kurzinfinitive) wiedergegben werden.

Die Partizipien auf **-dik**, **-ecek** und die Verbalsubstantive auf **-me** (Kurzinfinitive) nehmen dann als Nomen Possessivendungen an und bilden Genitiv-Verbindungen.

▶ Kap. 12 Die Verbalsubstantive und die Partizipien S. 81 und Kap. 3 Genitiv-Verbindung S. 26

Beispiele mit dem Verb **gelmek**:

Partizip auf -dik	**geldik**
mit Possessivendung -(i)m	**(benim) geldiğim**
Genitiv-Verbindung	**Havva'nın geldiği**
Adem (benim) geldiğimi biliyor.	*Adem weiß, dass ich gekommen bin.*
Adem Havva'nın geldiğini biliyor.	*Adem weiß, dass Havva gekommen ist.*

Partizip auf -ecek	**gelecek**
mit Possessivendung -(i)m	**(benim) geleceğim**
Genitiv-Verbindung	**Havva'nın geleceği**
Adem geleceğimi biliyor.	*Adem weiß, dass ich kommen werde.*
Adem Havva'nın geleceğini biliyor	*Adem weiß, dass Havva kommen wird.*

Im ersten Beispiel wird Vergangenes, im zweiten Zukünftiges ausgedrückt. Die Possessivpronomen (**benim** etc.) können weggelassen werden.

Kurzinfinitiv auf -me	**gelme**
mit Possessivendung	**(benim) gelmem**
Genitiv-Verbindung	**Havva'nın gelmesi**
Adem (benim) gelmemi istiyor.	*Adem möchte, dass ich komme.*
Adem Havva'nın gelmesini istiyor.	*Adem möchte, dass Havva kommt.*

Der Fall des Satzteils mit Partizip oder Genitiv-Verbindung kann **-i Fall** (Akkusativ), **-e Fall** (Dativ) oder **ohne Fallendung** (Nominativ) sein. Dies wird vom Prädikat des Satzes bestimmt.

2. Wiedergabe durch das Bindewort **ki**

Auch durch das Bindewort **ki** können dass-Sätze gebildet werden. Das Bindewort **ki** steht zwischen zwei Hauptsätzen und wird von ihnen getrennt geschrieben. Es wird besonders dann benutzt, wenn die Aufmerksamkeit auf dem zweiten Hauptsatz liegen soll:

Adem bilmiyor ki Havva dün geldi.	*Adem weiß nicht, dass Havva gestern gekommen ist.*
Adem bilmiyor ki Havva yarın Paris'e gidiyor.	*Adem weiß nicht, dass Havva morgen nach Paris fährt.*
Biliyorum ki Adem Havva'yı seviyor.	*Ich weiß, dass Adem Havva liebt.*
İyi ki varsın.	*Gut, dass es dich gibt.*
İyi ki geldin.	*Gut, dass du gekommen bist.*

16

Wortbildung (kelime/sözcük türetme)

Das Türkische bietet zahlreiche Wortbildungsendungen an, mit denen aus bestehenden Wörtern neue Wörter gebildet werden.

- **-li** (gV)
  Am Ende von Orts- und Ländernamen gibt **-li** die Herkunft an:

Berlinli	*Berliner/in*
Kölnlü	*Kölner/in*
Romalı	*Römer/in*
İstanbullu	*Istanbuler/in*

Nerelisiniz?
Woher stammen Sie?

İstanbulluyum.
Ich bin Istanbuler.

- **-li** (gV) und **-siz** (gV)
  Das Türkische kennt keine eigenständigen Wörter für *mit* und *ohne*. Stattdessen werden die Endungen **-li** (*mit*) und **-siz** (*ohne*) verwendet. Diese Endungen bilden aus Substantiven Adjektive:

şeker *Zucker*	**şekerli** *mit Zucker* *gezuckert*	**şekersiz** *ohne Zucker* *ungezuckert*
tuz *Salz*	**tuzlu** *mit Salz* *gesalzen*	**tuzsuz** *ohne Salz* *ungesalzen*
bulut *Wolke*	**bulutlu** *mit Wolken* *bewölkt*	**bulutsuz** *ohne Wolken* *unbewölkt*

- **-lik** (gV)
  An Adjektive gehängt, bildet die Endung **-lik** die Eigenschaften in substantivischer Form:

güzel	*schön*	**güzellik**	*Schönheit*
çirkin	*hässlich*	**çirkinlik**	*Hässlichkeit*
aptal	*dumm*	**aptallık**	*Dummheit*
yorgun	*müde*	**yorgunluk**	*Müdigkeit*
iyi	*gut*	**iyilik**	*das Gute*
kötü	*böse*	**kötülük**	*die Bosheit, das Böse*

- **-ci** (gV)
  Mit der Endung **-ci** werden aus Substantiven Berufs- und Händlerbezeichnungen gebildet:

gazete	*Zeitung*	**gazeteci**	*Journalist/in*
anahtar	*Schlüssel*	**anahtarcı**	*Schlüsselmacher/in*
ecza	*Pharmazeutika*	**eczacı**	*Apotheker/in*
saat	*Uhr*	**saatçi**	*Uhrmacher/in*
simit	*Sesamkringel*	**simitçi**	*Sesamkringelverkäufer/in*
iş	*Arbeit*	**işçi**	*Arbeiter/in*
kitap	*Buch*	**kitapçı**	*Buchhändler/in*

Mit **-ci** werden auch andere Arten von Personenbezeichnungen gebildet, die aber immer in einer besonderen Beziehung zu dem Grundwort stehen:

yol	*Weg*	**yolcu**	*Reisende(r)*
yalan	*Lüge*	**yalancı**	*Lügner/in*

- **-le** (kV)
  -le ist eine wichtige Endung, mit der aus Substantiven und Adjektiven Verben gebildet werden:

yol	*Weg*	**yollamak**	*losschicken*
iş	*Arbeit*	**işlemek**	*funktionieren*
hatır	*Erinnerung*	**hatırlamak**	*sich erinnern*
diş	*Zahn*	**dişlemek**	*beißen*
sansür	*Zensur*	**sansürlemek**	*zensieren*

Zu den Wortbildungsendungen zählen auch die Passiv-, Reflexiv-, Reziprok- und Kausativendungen, mit denen aus bestehenden Verben neue Verben mit veränderter Handlungsart gebildet werden.
▶ Kap. 8 Die Handlungsformen des türkischen Verbs, S. 47

Anhang: Konjugationstabelle

Zeiten und Modi	Person	Grundformen Bildung: Verbstamm + Zeit-/Modusen- dung + Pers.endung	mit **-di** erweiterte Verbformen Bildung: Verbstamm + Zeitendung + di + Pers.endung	mit **-miş** erweiterte Verbformen Bildung: Verbstamm + Zeitendung + miş + Pers.endung	Konditionalformen Bildung: Verbstamm + Zeitendung + se + Pers.endung
Präsens	ben	seviyorum	seviyordum	seviyormuşum	seviyorsam
	sen	seviyorsun	seviyordun	seviyormuşsun	seviyorsan
Endung: -iyor	o	seviyor	seviyordu	seviyormuş	seviyorsa
	biz	seviyoruz	seviyorduk	seviyormuşuz	seviyorsak
	siz	seviyorsunuz	seviyordunuz	seviyormuşsunuz	seviyorsanız
	onlar	seviyorlar	seviyordular	seviyormuşlar	seviyorsalar
Aorist	ben	severim	severdim	severmişim	seversem
	sen	seversin	severdin	severmişsin	seversen
Endung: -er/-(i)r	o	sever	severdi	severmiş	severse
	biz	severiz	severdik	severmişiz	seversek
	siz	seversiniz	severdiniz	severmişsiniz	severseniz
	onlar	severler	severdiler	severmişler	severseler
di-Vergangenheit	ben	sevdim	sevdiydim		sevdiysem
	sen	sevdin	sevdiydin		sevdiysen
Endung: -di	o	sevdi	sevdiydi		sevdiyse
	biz	sevdik	sevdiydik		sevdiysek
	siz	sevdiniz	sevdiydiniz		sevdiyseniz
	onlar	sevdiler	sevdiydiler		sevdiyseler
miş-Vergangenheit	ben	sevmişim	sevmiştim	sevmişmişim	sevmişsem
	sen	sevmişsin	sevmiştin	sevmişmişsin	sevmişsen

Endung: -miş	o	sevmiş	sevmişti	sevmişmiş	sevmişse
	biz	sevmişiz	sevmiştik	sevmişmişiz	sevmişsek
	siz	sevmişsiniz	sevmiştiniz	sevmişmişsiniz	sevmişseniz
	onlar	sevmişler	sevmiştiler	sevmişmişler	sevmişseler
Futur	ben	seveceğim	sevecektim	sevecekmişim	seveceksem
	sen	seveceksin	sevecektin	sevecekmişsin	seveceksen
Endung: -ecek	o	sevecek	sevecekti	sevecekmiş	sevecekse
	biz	seveceğiz	sevecektik	sevecekmişiz	seveceksek
	siz	seveceksiniz	sevecektiniz	sevecekmişsiniz	sevecekseniz
	onlar	sevecekler	sevecektiler	sevecekmişler	sevecekseler
Konditional-Wunschform	ben	sevsem	sevseydim	sevseymişim	
	sen	sevsen	sevseydin	sevseymişsin	
	o	sevse	sevseydi	sevseymiş	
Endung: -se	biz	sevsek	sevseydik	sevseymişiz	
	siz	sevseniz	sevseydiniz	sevseymişsiniz	
	onlar	sevseler	sevseydiler	sevseymişler	
Optativ	ben	seveyim	seveydim	seveymişim	
	sen	sevesin	seveydin	seveymişsin	
Endung: -e	o	seve, sevsin	seveydi	seveymiş	
	biz	sevelim	seveydik	seveymişiz	
	siz	sevesiniz	seveydiniz	seveymişsiniz	
	onlar	seveler,sevsinler	seveydiler	seveymişler	
Notwendigkeits-form	ben	sevmeliyim	sevmeliydim	sevmeliymişim	
	sen	sevmelisin	sevmeliydin	sevmeliymişsin	
	o	sevmeli	sevmeliydi	sevmeliymiş	
Endung: -meli	biz	sevmeliyiz	sevmeliydik	sevmeliymişiz	
	siz	sevmelisiniz	sevmeliydiniz	sevmeliymişsiniz	
	onlar	sevmeliler	sevmeliydiler	sevmeliymişler	

Stichwortregister

PONS
Grammatik kurz & bündig
TÜRKISCH

Die beliebteste Nachschlagegrammatik
Mit Online-Übungen

von
Hasan Çakır und Barbara Çakır-Wahl

Inhaltlich identisch mit ISBN 978-3-12-562119-0.

Der digitale Zugang zu den online angebotenen Zusatzmaterialien ist für mindestens zwei Jahre nach Erscheinen der aktuellen Auflage gewährleistet.

4. Auflage 2025

Redaktion: Gregor Vetter, Antje Wollenweber
Online-Übungen: Erkin Günesdogdu
Logoentwurf: Erwin Poell, Heidelberg
Logoüberarbeitung: Sabine Redlin, Ludwigsburg
Titelfotos: Person: Getty Images / Morsa Images;
Hand mit Zettel: Getty Images / Marat Musabirov
Satz: Satz und mehr, Besigheim; Satzkasten, Stuttgart
Druck und Bindung: Multiprint Ltd., Kostinbrod

ISBN: 978-3-12-562456-6